미드가 들리는
리스닝
트레이닝

미드가 들리는 리스닝 트레이닝

지은이 오석태
펴낸이 정규도
펴낸곳 (주)다락원

초판 1쇄 발행 2020년 3월 20일
초판 2쇄 발행 2023년 5월 20일

편집총괄 장의연
책임편집 김은혜
디자인 ALL Contents Group
일러스트 김영진

DARAKWON 경기도 파주시 문발로 211
내용문의 (02) 736-2031 내선 522
구입문의 (02) 736-2031 내선 250~251
Fax (02) 732-2037
출판 등록 1977년 9월 16일 제406-2008-000007호

값 12,500원 (MP3 무료 다운로드)
ISBN 978-89-277-0125-5 13740

진짜 발음, 해답은 미드에 있다!

들린다 들려~

미드가 들리는 리스닝 트레이닝

오석태 지음

DARAKWON

미드가 들려야 진짜 리스닝이다!

회화를 잘하려면 입을 열어 말을 해야 하고, 제대로 소통하려면 상대가 알아들을 수 있는 발음을 해야 합니다. 원어민이 아니니 원어민처럼 발음하는 건 무리지만 그래도 상대가 내 발음을 알아듣지 못한다면 소통이 불가능하니까요. 발음을 제대로 하지 못한 상대가 내 발음을 제대로 알아듣지 못하는 것뿐 아니라 상대방의 발음을 알아듣기도 어렵습니다. 즉, 발음과 리스닝은 아주 긴밀한 관계라는 것이죠.

자, 그러면 발음과 리스닝은 무엇을 가지고 어떻게 공부해야 할까요? 이때 가장 좋은 소재가 바로 미드입니다. 미드에는 원어민이 일상에서 가장 즐겨 사용하는 문장이 나오기 때문이죠. 이 문장으로 연습을 해야 일상회화 실력이 향상됩니다. 이 책에는 미드에서 선별한 표현과 예문을 담았습니다. 정제된 성우의 발음을 듣고, 발음과 리스닝 훈련을 해 보세요. 그 뒤에 해당 미드를 찾아서 보면 배우가 흘려 말하는 부분까지 정확하게 들을 수 있게 됩니다.

똑같은 문장을 여러 번 발음하고 들으면 당연히 그 문장은 들리게 됩니다. 거기서 그치는 것이 아니라 새로운 문장을 접했을 때도 리스닝이 될 수 있도록 리스닝과 발음의 원리도 알아 두어야 합니다. 이 책에는 많은 학습자들이 어려워하는 다양한 발음 법칙을 수록했습니다. 발음의 원리를 알고, 다양한 문장을 들으면서 리스닝과 발음 연습을 한다면 확실히 실력이 좋아지는 것을 체험할 수 있을 것입니다.

〈미드가 들리는 리스닝 트레이닝〉은 영어회화를 잘하고자 하는 여러분의 목적을 채우는 데 아주 좋은 도구가 될 겁니다. 최선을 다하시고 목표를 반드시 이루시기 바랍니다.

저자 오석태

이렇게 공부하세요!

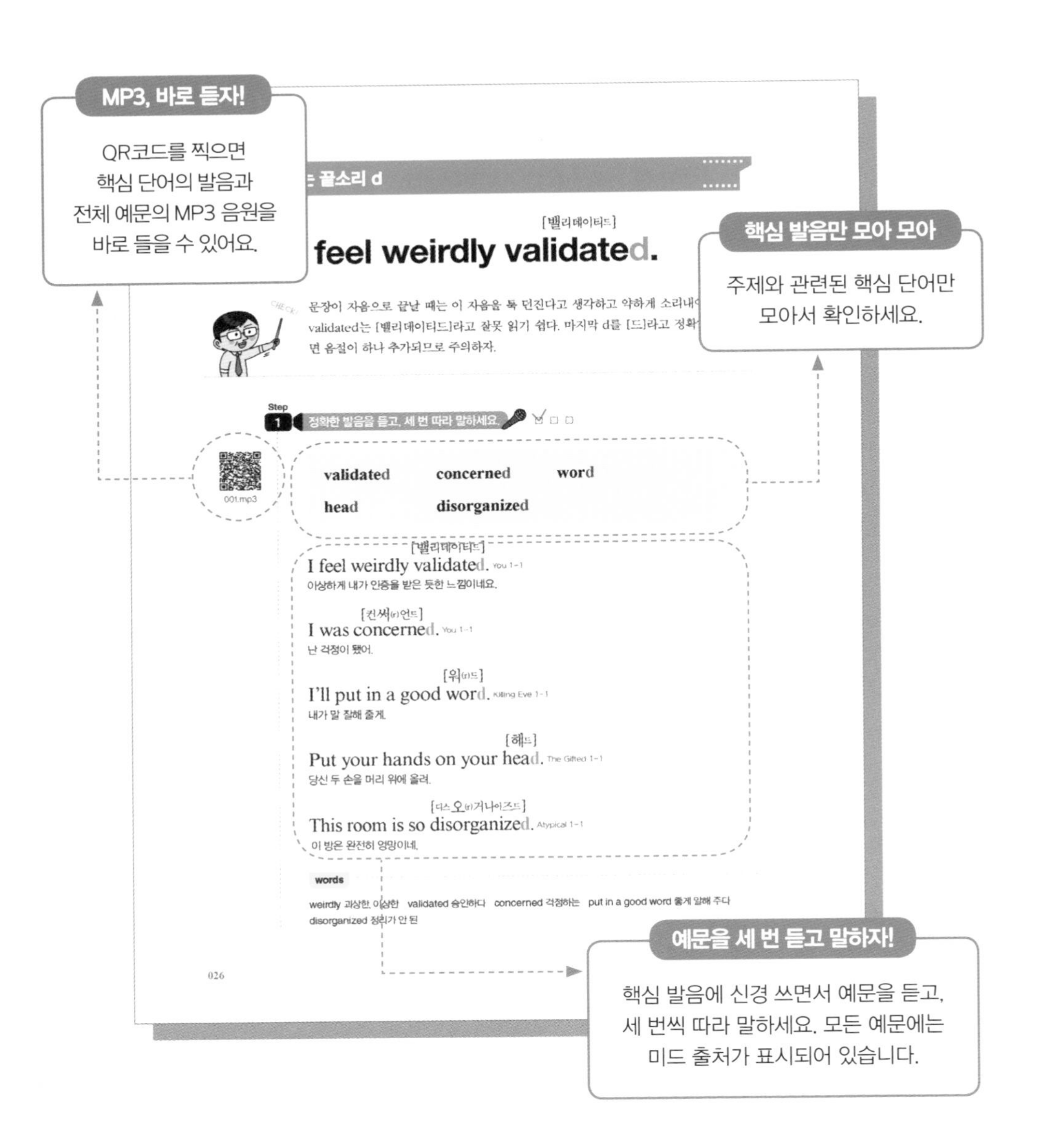

• 이 책의 한글 독음은 이해를 돕기 위한 것입니다. 영어 발음을 한글로 표현하기 어려운 부분도 있으니 정확한 발음은 MP3 음원을 참고하세요.

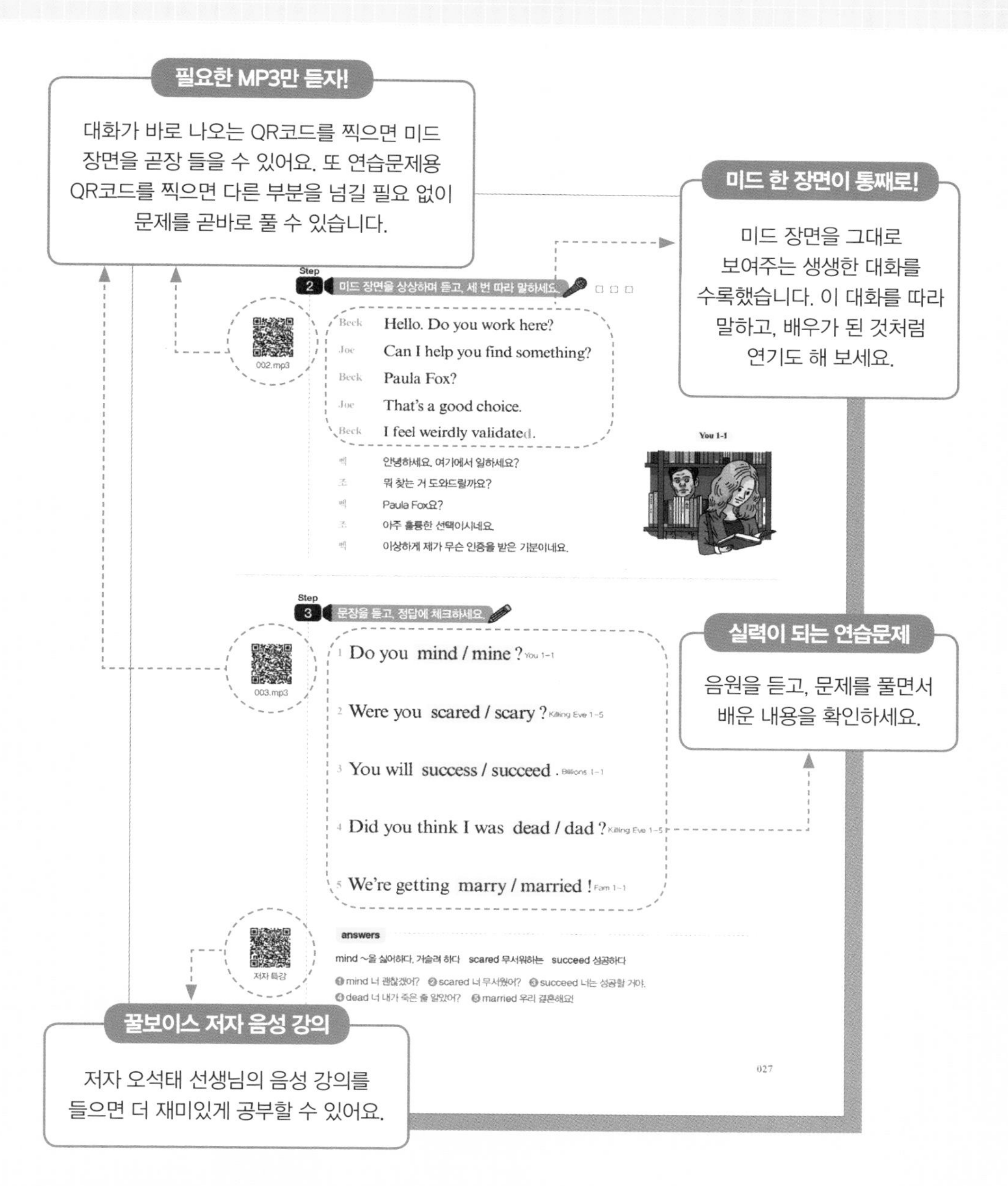

이 책에 담긴 모든 예문의 MP3와 저자 음성 강의를 제공합니다. MP3 음원은 옆의 큐알코드를 스마트폰으로 찍어서 들을 수도 있고, 다락원 홈페이지(darakwon.co.kr)에서 무료로 다운로드 받을 수 있습니다.

목차

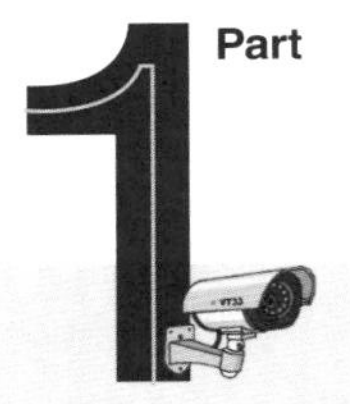

Part 1

발음과 리스닝의 긴밀한 관계

Part

귀와 혀가 단련되는 실전 리스닝 트레이닝

발음과 리스닝
닭이 먼저냐
달걀이 먼저냐

발음과 리스닝의 긴밀한 관계

발음과 리스닝,
닭과 달걀 같은 이 관계를 알아보자!

Q1
아는 단어인데도 미드 대사는 잘 안 들려요. 왜 그럴까요?

A

단어를 글자로 배워서 그렇습니다. 단어의 스펠링만 보고, 눈으로만 익숙하기 때문이지요. 그러니 그 단어를 귀로 들었을 때 어색하게 느껴지고, 무슨 뜻인지 곧장 떠오르지 않습니다. 또한 단어를 발음기호만 보고 발음하는 것은 실전에서 말하는 데 큰 도움이 되지 않습니다. 간혹 '이거 내가 배운 발음하고 다른데?'라는 배신감도 느끼게 됩니다. 발음기호는 그 단어의 기본 소리를 뜻할 뿐, 실제 사람의 입에서 나는 소리는 하나로 고정되어 있지 않기 때문이죠. 발음의 명료함, 말투, 목소리의 굵기, 말하는 환경, 앞뒤 문맥 등 다양한 변수가 있기에 내가 아는 단어도 간혹 아주 생소하게 들릴 수 있습니다.

미드 대사는 단어가 아니라 문장이기 때문에 이런 변수가 극대화됩니다. 즉, 단어만 많이 아는 것보다 단어가 문장에서 쓰일 때의 발음을 정확히 알아야 미드 대사를 잘 들을 수 있습니다.

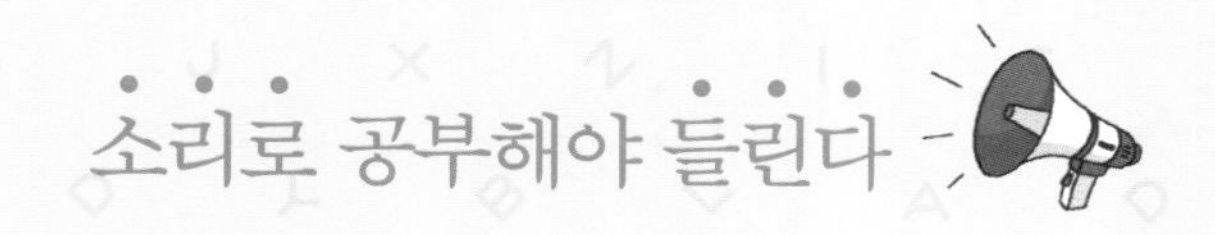

그럼 어떻게 공부해야 하냐고요? 정답은 스스로 발음을 여러 번 해 보고, 익숙해지는 것뿐입니다.

많은 학습자들이 영어를 처음 배울 때 소리보다는 글로 시작합니다. 특히 단어를 무작정 외우는 경우가 많지요. 그 후에 문법을 배우면, 문장 해석이 어느 정도 가능해지는 식으로 말이죠. 하지만 이런 공부 방법으로는 문장을 만들거나 말하기 어렵습니다. 특히 상대의 말을 듣고 이해하는 것은 더 어렵습니다. 반드시 듣고 소리 내어 말하는 방식으로 '소리'가 있는 학습방법을 택해야 합니다. 뭐니 뭐니 해도 우리의 궁극적인 목표는 말을 잘하는 것이니까요.

Q2

리스닝 훈련을 먼저 하고, 스피킹과 발음으로 넘어가면 되겠죠?

A

안 됩니다. 그 이유는 리스닝과 스피킹이 동시에 학습해야 하는 분야라서 그렇습니다. 영어 리스닝을 잘하려면 단어 안의 연음, 단어 사이의 연음, 그리고 문장의 강세를 정확히 들을 수 있어야 합니다. 물론 단순히 듣는 것 만이 아니라 듣고 뜻을 곧바로 이해해야만 하겠죠. 따라서 정확한 리스닝을 위해서는 단어의 뜻은 물론, 문화적 배경에서 생성된 생활 속 표현이나 관용표현을 잘 이해해야 합니다.

이렇게 보면 리스닝 실력을 키우기 위해 준비해야 할 것이 너무도 많습니다. 그런데 그 어떤 준비도 정작 내가 그 문장을 제대로 발음하지 못한다면 소용이 없습니다. 왜냐하면 내가 발음하지 못하는 단어는 제대로 들리지 않기 때문입니다.

말해 본 내용만 들을 수 있다

발음에는 말하는 속도도 포함되는데, 원어민의 말 속도는 사람마다 다릅니다. 따라서 다양한 속도로 소리낼 수 있어야 제대로 들을 수 있는 것이죠. 정확한 발음과 강세로 충분히 연습했다면 그 다음부터는 말에 속도를 붙이는 연습을 해야 합니다. 그래서 원어민이 발음하는 속도를 따라가게 되면, 그때부터는 원어민의 발음이 더 분명하게 들립니다. 신기하지요?

발음과 리스닝은 굉장히 정확하게 비례합니다. 잊지 마세요. 내가 발음할 수 있는 만큼 들립니다.

Q3
제대로 발음했는데도 원어민이 못 알아 듣는데 어쩌죠?

A

이럴 땐 **강세와 억양을 체크하세요.** 영어는 문장을 이루는 어휘 단위로 강세가 다르고, 강약이 분명한 언어입니다. 모든 단어의 발음에는 각각의 높낮이도 있습니다. 심지어 go[고우]와 같은 1음절 단어라 해도 그렇습니다. 이렇게 높낮이를 갖고 있는 어휘가 모여 문장이 되면 문장 안에서는 또다시 내용을 결정짓는 데 영향을 주는 높낮이가 단어마다 새롭게 생깁니다.

왜 높낮이가 바뀔까요? 문장에서 강세를 갖는 품사가 있기 때문이죠. 이 품사가 문장의 의미를 결정합니다.

특히 명사, 동사, 형용사, 부사가 그렇습니다. 일반적으로 be동사와 전치사, 접속사에는 강세가 없지만, 경우에 따라 강세가 들어가기도 합니다. 예를 들어 문장이 끝 단어가 be동사나 전치사일 때는 여기에도 강세가 들어갑니다. 문장의 마무리를 알리고, 마무리되는 단어의 의미에 당연히 관심을 주어야 된다는 의도에서 강세가 들어가는 것입니다.

말하는 사람의 의도에 따라서도 강세를 받는 품사가 변할 수 있습니다. 그래서 강세가 있는 품사를 달달 외울 필요는 없고, 보통은 명사, 동사, 형용사, 부사 등 문장의 핵심 의미를 나타내는 품사에 강세가 주어진다고 알고 있으면 됩니다.

Q4
미드를 열심히 보기만 해도 발음이 좋아질까요?

대답은 No.

미드를 많이 보면 리스닝 실력은 향상될 수도 있지만 그저 많이 보는 것만으로는 발음과 스피킹은 전혀 늘지 않습니다. '영어를 글로 배웠어요'와 같은 방법이기 때문입니다. 아이돌 무대 동영상을 백 번 보아도 춤 고수가 되지 않는 것과 같은 이치입니다. 무조건 입을 열고 직접 말을 해야만 발음과 스피킹 실력이 향상됩니다.

회화는 입으로 하는 것

다시 한번 강조하지만, 꼭 입을 열고 미드 대사를 따라 말하세요. 자연스러워질 때까지 반복해서 따라 말하는 게 중요합니다.

미드는 정말 훌륭한 영어학습 자료입니다. 아주 다양한 방식으로 활용할 수 있죠. 그런데도 미드로 영어를 공부하는 많은 분들이 그저 목표한 분량을 보고, 듣는 것으로 만족합니다. 단순히 보고 듣는 것을 넘어서 다양한 어휘와 표현을 이해해야만 비로소 미드 영어 학습의 가치가 드러납니다. 미드 한 편을 다양한 방식으로 이용하세요. 씹고 맛보고 즐기고 되새기면 어느새 살아있는 영어표현이 입에 탁 붙을 겁니다.

Q5
선생님이 추천하는 학습용 미드는 무엇인가요?

A

옆 페이지에 있는 표를 참고하세요. 미드를 난이도로 나눌 때는 주로 드라마의 주제와 전문성, 그리고 영어 지식을 토대로 하는 것이 적절합니다. 하지만 학습자의 입장에서 필요한 문장들은 미드의 난이도에 상관없이 어느 미드에나 상당량 섞여 있습니다. 단지 그 표현들을 선별해낼 수 있느냐의 문제이지요. 그래서 적절한 교재의 선택이 매우 중요합니다.

abc만 아는 수준의 영어 왕초보에게는 미드 학습이 버거울 수 있습니다. 기초적인 영어 문장은 말할 수 있는 초보 학습자를 위해 적당한 미드는 '실생활에 필요한 문장과 상황'을 주로 담고 있는 것입니다. 이 수준을 넘어서면 생활 속 표현과 상황은 물론 '법이나 의학적 지식이 첨가된 문장이 나오는 미드'를 중급 학습자들을 위한 것으로 봅니다. 그리고 앞선 내용에 '영어적 지식을 더해서 이해하기가 매우 까다로운 미드'를 고급 수준의 미드로 분류했습니다. 이 리스트를 참고해서 점점 수준을 올려 보세요. 참고로 유난히 배우들의 발음 속도가 빠른 미드는 리스닝/발음용 교재로 적절하지 않습니다.

수준	추천 드라마
초급 일상 대화가 가장 자연스럽게 나옵니다	• 서번트 (Servant) • 별나도 괜찮아 (Atypical) • 체인지 디바 (Drop Dead Diva) • 리커버리 로드 (Recovery Road) • 굿 플레이스 (The Good Place) • 이지 (Easy) • 굿 걸즈 (Good Girls) • 버진리버 (Virgin River) • 루머의 루머의 루머 (13 Reasons Why) • 앨리의 사랑 만들기 (Ally McBeal) • 빅 리틀 라이즈 (Big Little Lies) • 브라더스&시스터스 (Brothers and Sisters) • 위기의 주부들 (Desperate Housewives) • The O.C • 프리티 리틀 라이어스 (Pretty Little Liars)
중급 일상 대화는 물론 전문적인 지식이 등장합니다	• 더 모닝 쇼 (The Morning Show) • 왓/이프 (What/If) • 지정생존자 (Designated Survivor) • 홈커밍 (Homecoming) • 마담 세크리터리 (Madam Secretary) • 보디가드 (Bodyguard) • 킬링 이브 (Killing Eve) • Truth To Be Told • 너의 모든 것 (You) • 아메리칸 크라임 (American Crime) • 굿와이프 (The Good Wife) • 빌리언스 (Billions) • 캐슬 (Castle) • 크리미널 마인드 (Criminal Minds) • 그레이 아나토미 (Grey's Anatomy) • 하우스 (House M.D.) • 뉴스룸 (The Newsroom)
고급 전문 지식은 물론 영어 자체에 대한 높은 지식이 필요합니다	• 마녀의 발견 (A Discovery of Witches) • 언더 더 돔 (Under the Dome) • 브렛츨리 서클: 샌프란시스코 (The Bletchley Circle: San Francisco) • 프로젝트 블루 북 (Project Blue Book) • 트루 디텍티브 (True Detective) • 11/22/63 (11.22.63) • 블라인드 스팟 (Blindspot) • 카디널 (Cardinal) • 코드 블랙 (Code Black) • ER • 빅뱅이론 (The Big Bang Theory) • 프라이데이 나잇 라이츠 (Friday Night Light) • 섹스 앤 더 시티 (Sex and the City) • 모던 패밀리 (Modern Family) • 콴티코 (Quantico)

귀가 뻥~ 뚫리는
미드의 세계로
GO!

Part

귀와 혀가 단련되는 실전 리스닝 트레이닝

쉿! 이 소리들은
약해집니다!

자음으로 끝날 때, 소리가 약해진다

영어 단어의 마지막 소리가 자음일 때는 소리가 분명하게 나지 않는다.
원어민은 말이 마무리되는 부분을 아주 작은 소리로 툭 뱉는다.
따라서 명확하게 들리지 않지만 살짝 놓듯이 발음한다고 생각하면 된다.
모든 자음은 단어 끝에서 약하게 발음하는데 끝 글자로 자주 쓰이는 자음 위주로 살펴 보자.

01 약해지는 끝소리 d

[밸리데이티드]

I feel weirdly validated.

문장이 자음으로 끝날 때는 이 자음을 툭 던진다고 생각하고 약하게 소리내야 한다. validated는 [밸리데이티드]라고 잘못 읽기 쉽다. 마지막 d를 [드]라고 정확히 읽으면 음절이 하나 추가되므로 주의하자.

001.mp3

validated **concerned** **word**

head **disorganized**

[밸리데이티드]
I feel weirdly validated. You 1-1
이상하게 내가 인증을 받은 듯한 느낌이네요.

[컨써r언드]
I was concerned. You 1-1
난 걱정이 됐어.

[워rㄷ]
I'll put in a good word. Killing Eve 1-1
내가 말 잘해 줄게.

[헤ㄷ]
Put your hands on your head. The Gifted 1-1
당신 두 손을 머리 위에 올려.

[디스오r거나이즈드]
This room is so disorganized. Atypical 1-1
이 방은 완전히 엉망이네.

words

weirdly 괴상한, 이상한 validated 승인하다 concerned 걱정하는 put in a good word 좋게 말해 주다 disorganized 정리가 안 된

Step
2 미드 장면을 상상하며 듣고, 세 번 따라 말하세요. □ □ □

002.mp3

Beck	Hello. Do you work here?
Joe	Can I help you find something?
Beck	Paula Fox?
Joe	That's a good choice.
Beck	I feel weirdly validated.

You 1-1

벡	안녕하세요. 여기에서 일하세요?
조	뭐 찾는 거 도와드릴까요?
벡	Paula Fox요?
조	아주 훌륭한 선택이시네요.
벡	이상하게 제가 무슨 인증을 받은 기분이네요.

Step
3 문장을 듣고, 정답에 체크하세요.

003.mp3

1 Do you mind / mine ? You 1-1

2 Were you scared / scary ? Killing Eve 1-5

3 You will success / succeed . Billions 1-1

4 Did you think I was dead / dad ? Killing Eve 1-5

5 We're getting marry / married ! Fam 1-1

저자 특강 01

answers

mind ~을 싫어하다, 거슬려 하다 scared 무서워하는 succeed 성공하다

❶ mind 너 괜찮겠어? ❷ scared 너 무서웠어? ❸ succeed 너는 성공할 거야.
❹ dead 너 내가 죽은 줄 알았어? ❺ married 우리 결혼해요!

02 약해지는 끝소리 b

You did a great job. [좌브]

많은 사람이 job을 [잡]이라고 읽는다. 이런 식으로 마지막 자음 b를 받침처럼 소리 내는 것은 좋은 발음법이 아니다. 원어민은 [좌브] 정도로 [브] 소리를 아주 약하게라도 낸다. 소리가 거의 들리지 않을 정도로 입으로만 [브]를 발음하는 것이 핵심이다.

Step 1 정확한 발음을 듣고, 세 번 따라 말하세요.

004.mp3

job **rehab** **Bob** **tab**

You did a great job. [좌브] Homecoming 1-1
너 정말 잘했어.

He's in rehab. [리이해브] Brothers and Sisters 1-12
걘는 지금 재활 치료 중이야.

I have an uncle named Bob. [바브] Brothers and Sisters 2-10
우리 삼촌 이름이 밥이야.

You can't run a tab. [태브] 11.22.63 1-2
외상 달아 놓는 건 안 됩니다.

Some things are more important than a job. [좌브] Boston Legal 2-11
직업보다 더 중요한 것들이 있죠.

words

rehab (마약이나 술 중독에서의) 재활 run a tab 외상 장부에 달아 놓다 important 중요한

Step 2 미드 장면을 상상하며 듣고, 세 번 따라 말하세요. □ □ □

005.mp3

Lawyer What made you come forward? Doing so has cost you your job, correct? * come forward 도움을 주기 위해 나서다 cost ~을 희생시키다

Clark It did.

Lawyer Then why?

Clark Because some things are more important than a job.

변호사 왜 이렇게 나서서 도움을 주십니까? 그 때문에 직장을 잃으셨잖아요, 맞죠?

클라크 그렇습니다.

변호사 그런데 왜죠?

클라크 직업보다 더 중요한 일들도 있기 때문이죠.

Boston Legal 2-11

© abc

Step 3 문장을 듣고, 정답에 체크하세요.

006.mp3

1 We have to get a car / cab . The Gifted 1-3

2 She slit her wrists and bled out in a bathtub / bath salts . 13 Reasons Why 1-7

3 You got Deb / Debby . Drop Dead Diva 1-1

4 Shannon kicked JoJo to the cave / curb . Fam 1-8

5 We've met at the pub / pop . House Husbands 1-1

저자 특강 02

answers

cab 택시 slit 길게 자르다 wrist 손목 bleed out 피가 많이 나다 bathtub 욕조
kick to the curb 사귀다가 헌신짝처럼 차 버리다 pub 음식도 파는 술집

❶ cab 우리 택시 잡아야 돼. ❷ bathtub 그녀가 손목을 그어서 욕조 안에 피가 흥건했어.
❸ Deb (전화를 받으며) 뎁입니다. ❹ curb 쉐넌이 조조를 차 버렸어. ❺ pub 우린 그 술집에서 만났어.

[브레이크]
Give me a break.

break는 [브레이크]라고 모든 알파벳 하나하나를 다 발음해서 읽으면 안 된다. 맨 끝소리 [크]는 거의 들리지 않을 정도로 약하게 발음한다는 것을 명심하자.

007.mp3

break **quick** **like** **back** **park**

[브레이크]
Give me a break. Big Little Lies 1-1
그만 좀 하지.

[퀵크]
I'll be quick. Homecoming 1-1
빨리 말할게요.

[라이크]
It's not what it looks like. Atypical 1-1
그건 보기와는 달라.

[백크]
I'll be right back. Bodyguard 1-1
금방 돌아오겠습니다.

[파r크]
I rescued it from the park. Maniac 1-1
공원에 있는 걸 내가 구해 줬어.

words

give ~ a break ~를 봐 주다, 그만 괴롭히다 quick 재빠른 like ~와 같은, 비슷한 back (원래 장소로) 돌아와서 rescue ~을 구출하다

Step 2 미드 장면을 상상하며 듣고, 세 번 따라 말하세요. □ □ □

008.mp3

Colin Heidi, I don't have a lot of time.
I got to be at the airport in, like, 32 minutes.

Heidi I'll be quick.

콜린 하이디, 내가 지금 시간이 많지 않아요.
한 32분 후에는 공항에 도착해야 된다고요.

하이디 빨리 말씀드릴게요.

Homecoming 1-1

Step 3 문장을 듣고, 정답에 체크하세요.

009.mp3

1 They would talk about me behind my back / bag. Fam 1-3

2 You can have it back / babe. Sex Education 1-1

3 Get back to world / work. 24 2-1

4 I'll meet you after work / word. Younger 3-1

5 I don't have any homemate / homework. Outsiders 2-3

저자 특강 03

answers

behind one's back 누구 몰래, 누구 뒤에서 get back to ~로 돌아가다 after work 퇴근 후에
homework 숙제

❶ back 걔들은 나 몰래 내 험담을 했었어. ❷ back 그거야 네가 다시 찾아갈 수 있지. ❸ work 하던 일 계속 해.
❹ work 퇴근 후에 봐. ❺ homework 나 숙제 하나도 없는데.

04 약해지는 끝소리 t

[나이ㅌ]

She broke into my apartment last night.

night[나이트]의 마지막 [트]는 힘을 쭉 빼고 약하게 툭 던지듯이 발음하는 게 정석이다. 오늘부터 [나이트]가 아니라 [나이ㅌ]라고 읽는 연습을 하자. 보통 [나]를 강하게 발음한다.

Step 1 정확한 발음을 듣고, 세 번 따라 말하세요. ☑ □ □

010.mp3

night　　lot　　it　　part　　about

[나이ㅌ]
She broke into my apartment last night. Fam 1-1
걔가 어젯밤 제 아파트에 쳐들어왔어요.

[라ㅌ]
We're not asking for a lot. Fam 1-1
우리가 지금 많은 걸 요구하는 것도 아니잖아.

[이ㅌ]
It ain't worth it. Outsiders 1-1
그건 그럴 만한 가치가 없어.

[파rㅌ]
He is my husband until death do us part. The Handmaid's Tale 1-1
그는 죽음이 우리를 갈라놓을 때까지 내 남편이야.

[어바우ㅌ]
Nothing to worry about. Fam 1-1
걱정할 것 하나도 없어.

words

break into ~에 침입하다　ask for ~을 요청/요구하다　a lot 많이　worth ~할 가치가 있는
ain't은 am/is/are not의 축약형으로, 여기서는 is not이다.　part 갈라놓다

Step **2** 미드 장면을 상상하며 듣고, 세 번 따라 말하세요. □ □ □

011.mp3

Dad Have you met her boyfriend? He's an MC and a DJ.

Clem She broke into my apartment last night.

Dad That's awesome. * awesome 굉장한, 대단한

아빠 그 애 남자친구 만나 봤니? MC인데다 DJ까지 한다던데.

클렘 그 애가 어젯밤 제 아파트에 쳐들어왔어요.

아빠 그것 참, 굉장하구나.

Fam 1-1

© cbs

Step **3** 문장을 듣고, 정답에 체크하세요.

012.mp3

1 This train is about to depart / apart . Bodyguard 1-1

2 I cannot allow them / that . The Alienist 1-1

3 I doubt that / though . Brooklyn Nine-Nine 3-1

4 She was very adamant / adamantly . Brothers and Sisters 2-1

5 Get some respond / rest . Cardinal 2-1

저자 특강 04

answers

be about to 막 ~하려고 하다 depart 출발하다 allow 허락하다
doubt ~을 의심하다 adamant 단호한 rest 쉼, 휴식

❶ depart 이 열차는 곧 출발합니다. ❷ that 난 그걸 허락할 수 없어. ❸ that 그럴 리가 없어.
❹ adamant 그녀는 매우 단호하던데. ❺ rest 좀 쉬어.

05 약해지는 끝소리 s

[힐래리어스]

That's hilarious.

hilarious[힐래리어스]는 [래]를 강하게, [스]는 약하게 발음한다. 영어 발음과 억양은 단어의 강약 조절에 달려있다고 볼 수 있다. 영어가 우리 귀에 리듬감 있게 들리는 이유도 이 강약 조절 때문이다. 마지막 자음 [스]는 다른 자음에 비해서는 소리가 나는 편이니 조금 더 주의해서 소리를 듣고 따라 말해 보자.

013.mp3

hilarious **basis** **discuss** **this** **unconscious**

[힐래리어스]
That's hilarious. Atypical 1-1
그거 정말 재미있네.

[배이시스]
It's great to get to hang out with him on a daily basis. True Detective 1-1
매일 그와 함께 시간을 보낸다는 건 정말 좋아.

[디스커스]
There was one more thing I wanted to discuss. Atypical 1-1
저 의논하고 싶은 게 하나 더 있어요.

[디스]
You can't do this. Broadchurch 3-1
너 이러면 안 돼.

[언컨셔스]
He was knocked unconscious. Broadchurch 3-1
그는 맞아서 의식을 잃었다.

words

hilarious 폭소가 터지는, 정말 웃기는 hang out with ~와 어울려 다니다 on a daily basis 매일
discuss ~을 논의하다 knock ~를 때려서 …한 상태로 만들다 unconscious 의식을 잃은

Step
2 미드 장면을 상상하며 듣고, 세 번 따라 말하세요. □ □ □

014.mp3

Casey What are you doing?

Sam Going online to try and find a girl to date. * go online 인터넷에 접속하다

Casey That's hilarious. I'll help. Okay, finish this sentence "I spend a lot of time thinking about…".

케이시 너 지금 뭐 하는 거야?

샘 인터넷에서 데이트할 여자를 찾는 중이야.

케이시 진짜 재미있겠는데. 내가 도와줄게.
자, 이 문장 마무리해 봐
"내가 가장 오랜 시간 생각하는 것은…".

Step

015.mp3

1 That helps / half . Cardinal 2-1

2 You can't treat people like this / these . True Detective 1-4

3 I've been thinking about teeth / this . Unbreakable Kimmy Schmidt 1-1

4 That's gross / growth . Unbreakable Kimmy Schmidt 1-3

5 Don't be ready / ridiculous . Boston Legal 2-1

저자 특강 05

answers

treat ~를 대하다 gross 역겨운 ridiculous 웃기는, 터무니 없는

❶ helps 그거 도움 되더라. ❷ this 너 이런 식으로 사람을 다루면 안 돼.
❸ this 나 이 문제를 계속 생각해 봤어. ❹ gross 구역질 나 정말. ❺ ridiculous 말도 안 되는 소리 하지 마.

06 약해지는 끝소리 f

[마이셀f]

I made them myself.

myself는 '셀프 코너, 셀프 서비스' 등을 일상에서 자주 쓰기 때문에 자연스럽게 [마이셀프]라고 읽게 된다. 하지만 [프]를 크게 소리내면 한 음절이 추가되어서 원어민에게는 의미가 제대로 전달되지 않을 수도 있다. 마지막 f는 윗니가 아랫입술에 닿은 상태에서 소리게 약하게 새어 나오게끔 소리내자.

Step 1

016.mp3

myself **safe** **soundproof** **yourself**

[마이셀f]
I made them myself. Killing Eve 1-2
그거 제가 직접 만든 거예요.

[쎄이f]
I had to be sure you're safe. You 1-1
난 당신이 안전하게 잘 지내는지를 확인하고 싶었어.

[싸운프루f]
The basement's soundproof. You 1-1
지하가 방음이 잘 되어 있지.

[유어셀f]
Just be yourself. You 1-5
너답게 행동해.

[유어셀f]
Suit yourself. Sex Education 1-5
너 하고 싶은 대로 해.

words

~self ~ 자신 safe 안전한 basement 지하실 soundproof 방음이 되어 있는
Suit yourself. 하고 싶은 대로 하세요. * 내 의사와 상관없이 상대가 원하는 행위를 허락한다는 의미다.

Step 2 미드 장면을 상상하며 듣고, 세 번 따라 말하세요. □ □ □

017.mp3

Villanelle	I like your trousers. * trousers (주로 영국에서) 바지
Sebastian	Oh, thank you. Yes, I made them myself. My name is Sebastian.
빌라니엘	바지가 멋지네요.
세바스찬	오, 감사합니다. 제가 직접 만든 겁니다. 제 이름은 세바스찬이에요.

Killing Eve 1-2

© bbc

Step 3 문장을 듣고, 정답에 체크하세요.

018.mp3

1 That wouldn't be a relief / relieve . True Detective 3-6

2 This is half / help . Suits 1-1

3 I'm just going to take off / often . Suits 1-1

4 Nobody likes a show-off / show-window . Suits 1-1

5 Mother is beside herself / himself . The Americans 2-13

저자 특강 06

answers

relief 안심, 안도 half 절반 be going to ~하려 하다 take off 퇴근하다, 떠나다
show-off 자랑하는 사람(부정적인 어감) beside oneself 이성을 잃은

❶ relief 그 정도로 안심이 되진 않아. ❷ half 이건 절반이잖아. ❸ off 난 그냥 퇴근하려고요.
❹ show-off 자기 자랑을 일삼는 사람을 좋아할 사람은 아무도 없지. ❺ herself 어머니는 이성을 잃었어요.

07 약해지는 끝소리 p

It does sound like a bit of a trap.

[트래ㅍ]

단어의 맨 끝 자음은 무의식중에 한국어의 받침처럼 발음하기 쉽다. trap을 [트랩]이라고 하면 이 뒤로 모음이 올 경우에 자칫하면 잘못 발음하게 된다. 예를 들어 trap in을 [트래핀]이 아니라 [트래빈]이라고 하는 것처럼 말이다. 이렇듯 마무리되는 자음은 약하더라도 살아 있어야 하는 소리다.

Step 1 정확한 발음을 듣고, 세 번 따라 말하세요.

019.mp3

trap **gossip** **up** **stop** **beep**

[트래ㅍ]
It does sound like a bit of a trap. What if 1-3
이거 영 안 좋은 함정에 빠진 것 같은데.

[가시ㅍ]
Gabby is such a gossip. Big Little Lies 1-1
개비는 남 험담을 얼마나 많이 하는지 몰라.

[어ㅍ]
Listen up. Jane the Virgin 1-6
똑바로 들어.

[스타ㅍ]
I repeatedly asked you to stop. The Good Place 1-8
내가 그만하라고 계속 부탁했잖아.

[비ㅍ]
You can leave a message after the beep. Easy 2-5
삐 소리 후에 메시지를 남겨 주세요.

words

do/does/did 동사를 강조할 때 쓴다. a bit of a 안 좋은, 불편한 trap 덫, 함정 gossip 험담꾼 repeatedly 여러 번 beep 삐-소리

Step **2** 미드 장면을 상상하며 듣고, 세 번 따라 말하세요. □ □ □

020.mp3

Lisa	Sean, come on, sit down. Tell everybody about your special day.
Marcos	Or maybe keep it to yourself. * keep it to yourself 그것을 비밀로 하다
Lionel	It does sound like a bit of a trap.

What if 1-3

리사	션, 어서, 앉아 봐. 특별한 날 있었던 일을 모두에게 얘기해 줘.
마르코스	아니면 혼자만의 비밀로 해도 되고.
라이오넬	이거 영 안 좋은 함정에 빠진 것 같네.

Step **3** 문장을 듣고, 정답에 체크하세요.

021.mp3

1 Get some sleep / sleeve . 13 Reasons Why 2-1

2 He was wearing a baseball cap / cab . Designated Survivor 1-2

3 I don't need hell / help . Drop Dead Diva 1-6

4 There's no point in bringing this on / up . The Big Bang Theory1-5

5 Don't give up / in . Grey's Anatomy 2-4

저자 특강 07

answers

sleep 잠 wear ~을 입다/쓰다/걸치다/하다 cap 모자 help 도움
There's no point in ~해 봐야 의미 없다 give up 포기하다

❶ sleep 잠을 좀 자. ❷ cap 그 애는 야구 모자를 쓰고 있었어. ❸ help 난 도움이 필요 없어.
❹ up 이 얘기를 꺼내서 뭐 하겠어. ❺ up 포기하지 마.

08 약해지는 끝소리 g

Don't make me beg. [베그]

음(音)을 가지고 있는 철자는 완전 묵음 처리되는 경우를 제외하고 반드시 소리가 난다. 단, 문장의 맨 끝에 위치했다면 그저 소리가 약해질 뿐이다. beg은 [벡]으로 읽지 않도록 신경 써서 발음하자.

022.mp3

beg **dog** **rag** **pig** **bag**

[베그]
Don't make me beg. Designated Survivor 1-4
내가 애원하게 하지 마.

[도그]
I was sick as a dog. Designated Survivor 1-7
나 몸이 너무 심하게 안 좋았어.

[래그]
Hand me the rag. 13 Reasons Why 1-1
그 누더기 천 이리 줘.

[피그]
Let me be your guinea pig. The Good Place 1-1
내가 너의 실험 대상이 되어 줄게.

[배그]
Somebody must've slipped it in my bag. 13 Reasons Why 1-9
누군가 그걸 내 가방 안에 몰래 넣어둔 게 틀림없어요.

words

beg 애원하다　sick as a dog 토할 정도로 몸이 안 좋은　hand ~을 건네주다　rag 누더기 천
guinea pig 설치류 동물로, 주로 실험 대상자를 뜻한다.　must have p.p. ~였음에 틀림없다　slip ~을 재빨리 몰래 놓다/넣다

Step **2** 미드 장면을 상상하며 듣고, 세 번 따라 말하세요.  □ □ □

023.mp3

President Today's crisis was racially motivated. Tomorrow's could be gun control, a woman's issue. I just wanted to have someone on the podium that I respected. Come on, Seth. Don't make me beg. Can I count on you?

* crisis 위기 racially 인종적으로 motivated 동기가 부여된 gun control 총기 규제법 issue 문제, 쟁점 podium 연단 respect ~을 존중하다 count on ~에 의지하다

Seth It would be my honor. * honor 영광

Designated Survivor 1-4

대통령 오늘의 위기는 인종문제가 발단이 된 거였어요.
내일은 총기 규제법, 여성문제 등이 쟁점이 되겠죠.
나는 그저 믿을 수 있는 사람이 연단에 서기를 바랐어요.
그러니까, 세쓰. 내가 이렇게 애원하게 하지 말아요.
내가 당신을 믿어도 되겠어요?

세쓰 저야 영광입니다.

Step **3** 문장을 듣고, 정답에 체크하세요.

024.mp3

1 Watch your leg / lack . 13 Reasons Why 1-5

2 Dream big / beep . 13 Reasons Why 1-8

3 It's for my food blow / blog . 13 Reasons Why 1-3

4 You just come in here and you pull the plug / plus . Black Mirror 1-1

5 It's just a bug / bud . Russian Doll 1-7

저자 특강 08

answers

watch 조심하다 pull the plug 플러그를 뽑다 bug 벌레

❶ leg 다리 조심해. ❷ big 꿈을 크게 꿔라. ❸ blog 내 음식 블로그에 올리려고.
❹ plug 너 이리 들어와서 플러그 좀 뽑아 보렴. ❺ bug 그냥 벌레 한 마리일 뿐이잖아.

09 약해지는 끝소리 m

[프라블럼ㅁ]

There's no problem.

끝소리 m은 한국인에게 매우 낯선 발음이라 가장 듣기 어렵다. 이 뒤로 모음이 연결되면 자연스럽게 m이 살아나지만 마지막 발음일 때는 거의 들리지 않기 때문이다. 하지만 절대 m을 생략하면 안 되고, 매우 약하게라도 [ㅁ] 소리를 내야 한다.

Step 1 정확한 발음을 듣고, 세 번 따라 말하세요. ☑ □ □

025.mp3

problem **him** **bathroom** **home** **from**

[프라블럼ㅁ]
There's no problem. Gossip Girl 1-1
문제 없어요.

[히임ㅁ]
You totally manipulate him. The Society 1-1
너 그 남자를 완전히 조종하네.

[배쓰룸ㅁ]
I'm going to the bathroom. Killing Eve 1-1
나 화장실 좀 갈게.

[호움ㅁ]
I'm back home. The Society 1-1
나 집으로 돌아왔어.

[프롬ㅁ]
I don't know where that came from. Black Mirror 5-1
난 그게 어디에서 온 건지 모르겠어.

words

totally 완전히 manipulate ~을 조종하다 bathroom 화장실 back 다시, 돌아와서
come from ~에서 비롯되다

Step 2 미드 장면을 상상하며 듣고, 세 번 따라 말하세요. □ □ □

026.mp3

Chuck You and Blair have been dating forever.
All of a sudden there's a problem? * forever 오랫동안 all of a sudden 갑자기

Nate There's no problem.

척 너하고 블레어는 데이트한 지 정말 오래됐잖아.
그런데 갑자기 문제가 생긴 거야?

네이트 문제 같은 건 없어.

Gossip Girl 1-1

© CW

Step 3 문장을 듣고, 정답에 체크하세요.

027.mp3

1 That's not my problem / promise . black Mirror 5-2

2 I can't be alone with him / them . About a Boy 1-10

3 They are fond of sarcastic / sarcasm . Boston Legal 2-1

4 She was completely calm / come . Boston Legal 2-1

5 It's a good way to blow off steel / steam . Castle 2-1

저자 특강 09

answers

be alone with ~와 단둘이 있다 be fond of ~을 좋아하다 sarcasm 비꼬기 calm 침착한
steam 열기, 분노 blow off steam 스트레스를 풀다, 울분을 터뜨리다

❶ problem 그건 내 문제가 아니야. ❷ him 나는 그 사람하고 단둘이 있을 수가 없어. ❸ sarcasm 그들은 빈정대는 걸 좋아해. ❹ calm 그녀는 정말 침착했어. ❺ steam 그게 열 식히고 분위기 전환하기에 좋지.

[쎌퓌쉬]

You're being selfish.

sh는 쉽지 않은 발음이다. 입술을 밖으로 쭉 내밀면서 약하게 [쉬]라고 하면 되는데 마치 아이에게 오줌을 누라고 할 때 "쉬~" 하는 것과 발음이 같다. 중요한 건 [시]가 아니라 [쉬]라는 것!

Step

028.mp3

selfish **cash** **fish** **fresh** **finish**

[쎌퓌쉬]
You're being selfish. Brothers and Sisters 1-7
너 지금 너무 이기적이야.

[캐쉬]
I just need a little cash. Code Black 2-2
난 그냥 현금이 좀 필요해.

[퓌쉬]
We're not here to fish. CSI NY 1-16
우리가 여기에 낚시를 하러 온 게 아니잖아.

[프레쉬]
My memory's still fresh. CSI NY 1-21
난 아직도 기억이 생생해.

[피니쉬]
That's okay if you wanna finish. Good Wife 3-4
그만하고 싶으면 그렇게 해.

words

selfish 이기적인 cash 현금 fish 낚시를 하다 fresh (기억이) 생생한 finish 끝내다

Step 2 미드 장면을 상상하며 듣고, 세 번 따라 말하세요. □ □ □

029.mp3

Sarah	Are you happy now?
Kevin	Excuse me?
Sarah	You heard me.
Kevin	Stop it.
Sarah	I just think you're being selfish.

새라	그래, 지금 행복하니?
케빈	뭐라고?
새라	내 말 들었잖아.
케빈	그러지 마.
새라	내 생각엔 너 지금 너무 이기적이야.

Brothers and Sisters 1-7

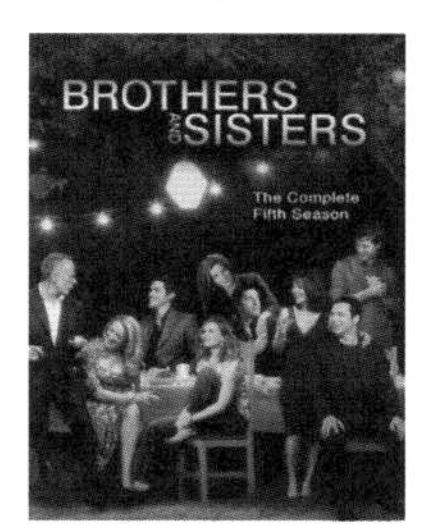

© ABC

Step 3 문장을 듣고, 정답에 체크하세요.

030.mp3

1 You have a little rash / race . House, M.D. 1-3

2 She doesn't speak English / England . House, M.D. 1-11

3 Let me know when you finale / finish . YOU 1-1

4 We can't be penny wise and pound foolish / foolishly . 13 Reasons Why 1-8

5 I was walking home and I heard the crash / crazy . 13 Reasons Why 1-10

저자 특강 10

answers

rash 발진 penny wise and pound foolish 푼돈을 아끼려다 큰돈을 잃는다
crash 큰 소리, 굉음

❶ rash 피부에 발진이 좀 있네요. ❷ English 그녀는 영어를 못 해. ❸ finish 너 다 끝나면 알려 줘.
❹ foolish 우리 소탐대실해서는 안 돼. ❺ crash 나는 집으로 걸어가다가 그 요란한 소리를 들었어.

11 약해지는 끝소리 th

[트루θ]

She's telling her truth.

발음기호 [θ], 소위 번데기라고 불리는 th 발음은 한국어에는 없는 소리라서 어렵게 느껴질 수 있다. 혀가 윗니와 아랫니에 동시에 붙은 상태로 [쓰]에 가까운 소리를 약간 내뱉는다고 생각하면 된다. 익숙한 표현인 Happy birthday(생일 축하해.) 또한 이 th 발음이 들어가니 쓸 때마다 의식적으로 발음에 집중해 보자.

Step

031.mp3

truth **both** **teeth** **with** **breath**

[트루θ]
She's telling her truth. 13 Reasons Why 1-11
그녀는 지금 진실을 말하고 있는 거야.

[보θ]
He can have them both. Drop Dead Diva 1-4
그는 둘 다 가질 수 있어.

[티이θ]
He had crooked teeth. Drop Dead Diva 1-10
그는 치열이 고르지 않았어.

[위θ]
Let's get that over with. Madam Secretary 1-10
그거 빨리 해치워 버리자.

[브레θ]
Just take a deep breath. Outsiders 1-13
숨을 깊게 들이쉬어 봐.

words

truth 진실 both 둘 다 crooked 비뚤어진 teeth 이(이 한 개는 tooth)
get ~ over with 성가신 ~을 빨리 해치우다 take a breath 숨을 쉬다

Step 2 미드 장면을 상상하며 듣고, 세 번 따라 말하세요. □ □ □

032.mp3

Clay She's not telling the truth about the way things happened.

Tony She's telling her truth.

Clay Why do you always do that, act like you know?

Tony Because I do. From the tapes, I know her truth.

클레이 그 애는 어떻게 그런 일들이 생겼는지 사실대로 말해 주지를 않아.

토니 그 애는 사실대로 말하고 있는 거야.

클레이 넌 항상 왜 그래? 네가 다 알고 있는 것처럼 행동하는 거 말야.

토니 다 아니까. 그 테이프들을 들었기 때문에 난 걔의 진실이 무엇인지 알아.

13 Reasons Why 1-11

Step 3 문장을 듣고, 정답에 체크하세요.

033.mp3

1 You can tell me the true / truth . Recovery Road 1-7

2 All humans are aware of death / dead . The Good Place 2-4

3 We just escaped by the skin of our tease / teeth . The Good Place 2-9

4 I'm running a base / bath . Dead to Me 1-1

5 He's an 86-year-old man in declining health / healthy . Designated Survivor 3-5

저자 특강 11

answers

be aware of ~를 알다, 인지하다 death 죽음 escape 탈출하다 by the skin of one's teeth 간신히
run a bath 목욕물을 받다 declining 쇠퇴하는

❶ truth 나한테 사실대로 말해 봐. ❷ death 인간은 누구나 죽음을 의식하고 있어. ❸ teeth 우리는 정말 간신히 도망쳤어. ❹ bath 나 지금 목욕물 받고 있어. ❺ health 그는 건강이 나빠지고 있는 86세의 남성입니다.

12 약해지는 끝소리 v

[해v]
That's all I have.

철자와 상관없이 마지막 발음이 v로 끝나는 단어는 윗니가 아랫입술에 붙었다 떨어지면서 가볍게 터지는 [브] 소리가 난다. 흔히 b와 발음을 혼동하는데 b는 입술이 서로 붙었다 떨어지고, 목젖이 울리며 나는 소리니 헷갈리지 말자.

Step

☑ ☐ ☐

034.mp3

have **attractive** **alive** **five** **positive**

[해v]
That's all I have. Project Blue Book 1-4
그게 내가 가지고 있는 전부야.

[어트랙티v]
Smart women have always found Sean attractive. What If 1-1
똑똑한 여성들이 항상 션을 매력적이라고 생각하게 되더라고요.

[얼라이v]
You're lucky to be alive. Project Blue Book 1-1
너 살아 있는 게 다행이야.

[파이v]
I'll be out in five. True Detective 3-7
나 5분 후에 나갈게.

[파지티v]
I'm positive. What If 1-7
난 확신해.

words

find ~라고 생각하다 attractive 매력적인 alive 살아 있는 in (시간, 기간) ~후에
positive 긍정적인, 확신하는

Step 2 미드 장면을 상상하며 듣고, 세 번 따라 말하세요. □ □ □

035.mp3

Joel I think I have everything I need. I have my ray gun here. My portable radio here. Stopwatch. Got my pajamas in there, some comics, my sleeping bag. Wait. Do you have the flashlight?

* ray gun 광선총 portable 휴대용의 comics 만화책 sleeping bag 침낭 flashlight 손전등

Mimi I do. That's all I have.
The one thing I have that you don't.

조엘 필요한 건 다 준비된 거 같아요. 광선총 여기에 있고, 휴대용 라디오 여기. 초시계. 잠옷은 거기에 넣었고 만화책 몇 권이랑 침낭. 잠깐, 손전등은 있나요?

미미 있지. 내가 가진 건 그게 전부야.
나한테는 있고 네겐 없는 유일한 것이지.

Project Blue Book 1-4

© history

Step 3 문장을 듣고, 정답에 체크하세요.

036.mp3

1 It isn't always a hundred percent effect / effective . Sex Education 1-3

2 I'm not in love / loaf . Sex Education 1-4

3 That's certainly impressed / impressive . Nightflyers 1-2

4 I just wanted you to behave / behalf . Nightflyers 1-5

5 I'll drive / driving . Drop Dead Diva 1-8

저자 특강 12

answers

effective 효과적인 be in love 사랑에 빠진
certainly 분명히 impressive 인상적인 behave 예의 있게 행동하다

❶ effective 그게 항상 100% 효과적인 건 아니야. ❷ love 난 지금 사랑에 빠져 있지 않아.
❸ impressive 그거 진짜 대단하다. ❹ behave 난 그냥 네가 잘 처신하기만 바랐을 뿐이야. ❺ drive 내가 운전할게.

Bang!
FBI

Big Bang!
자음과 자음의 충돌

자음과 자음이 충돌할 때는 앞의 자음이 순간 정지를 일으키며 발음되지 않는다.
뒤에 나오는 자음에 치여서 소리가 멈춰진 것이다.
하지만 소리가 크지 않을 뿐, 발음은 해야 한다.

01 충돌하는 k와 m

[테잌미]

Do not take me for granted.

take me는 [테이크미]라고 읽으면 될까? 원어민은 사실 [테이크미] 느낌으로 발음한다. 그래서 마치 [테잌미]처럼 들린다. [크] 발음이 잘 들리지 않는 것은 뒤에 있는 m의 영향이다. 앞 단어의 끝 자음보다는 그 다음 단어의 첫 자음이 중요하기 때문에 앞 단어의 끝 자음 소리가 잘 들리지 않는 것이다.

Step 1 

037.mp3

take me week must walk me make me ask me

[테잌미]
Do not take me for granted. 13 Reasons Why 1-1
내 존재를 당연하다고 생각하지 마.

[윅머스트]
This week must be a doozy for you. Maniac 1-1
이번 주가 너에게는 아주 특별하겠네.

[웤미]
Walk me to the train. Killing Eve 1-1
기차까지 같이 걸어가 줘.

[메잌미]
Don't make me guess. Killing Eve 1-3
궁금하게 하지 말고 말해.

[에슥미]
Ask me first, okay? Project Blue Book 1-1
나한테 먼저 물어 봐, 알겠어?

words

take ~ for granted ~를 당연시하다 doozy 특별한 것 guess 추측하다

Step 2 미드 장면을 상상하며 듣고, 세 번 따라 말하세요. □ □ □

038.mp3

Hannah [through a tape] I left them with a trusted individual who, if this package doesn't make it through all of you, will release those copies in a very public manner. This was not a spur of the moment decision. Do not take me for granted. Not again.

* trusted individual 믿을 만한 사람 make it through 그것이 ~에게 전달되다 release ~을 내보내다 in a public manner 공식적인 경로로 spur of the moment decision 충동적인 결정

하나 [테이프에서 나오는] 난 이 테이프들을 믿을 만한 사람에게 맡겼어. 만일 이게 너희 모두에게 전달되지 않는다면 공식적인 경로로 이 테이프를 알릴 사람이지. 이건 절대 충동적인 결정이 아니었어. 나를 당연시 하지 마. 다시는 그러지 마.

13 Reasons Why 1-1

Step 3 문장을 듣고, 충돌하는 부분에 체크하세요.

039.mp3

1 It took me years to accustom myself to the taste. The Alienist 1-5
내가 그 맛에 익숙해지기까지 몇 년이 걸렸다.

2 That's why you've come to ask me about her? The Alienist 1-7
그래서 나한테 그녀에 대해서 물어보러 왔던 거야?

3 I'm free to speak my mind. The Alienist 1-10
난 마음껏 내 속마음을 말해.

4 That may well take months. The Alienist 1-2
그건 아마 몇 달은 걸릴 거야.

5 People make mistakes. True Detective 3-4
사람은 누구나 실수를 해.

저자 특강 13

answers

accustom oneself to ~에 익숙해지다 that's why 그래서 ~다 be free to 자유롭게 ~하다 take ~의 시간이 걸리다 mistake 실수

❶ took me ❷ ask me ❸ speak my ❹ take months ❺ make mistakes

02 충돌하는 t와 m

[낟마이] This is really not my field.

t와 m이 충돌할 때 [트]를 [느]로 바꿔 발음하면 안된다. not my는 [난마이]가 아니라 [낟마이], at me는 [앤미]가 아니라 [앧미]라고 해야 한다. 자음의 충돌로 앞 자음이 want me[원미]처럼 생략되거나 받침처럼 빠르게 발음되는 현상일뿐 다른 소리로 변하는 것은 아니다.

Step 1 정확한 발음을 듣고, 세 번 따라 말하세요. 

040.mp3

not my　want me　at me　doesn't matter　let me

[낟마이]
This is really not my field. Project Blue Book 1-1
이건 정말 제 전문 분야가 아닙니다.

[원미]
What do you want me to do? Russian Doll 1-1
넌 내가 어떻게 하면 좋겠어?

[앧미]
Is she still mad at me? The Big Bang Theory 1-2
걔 아직도 나한테 화났어?

[다즌매러]
It doesn't matter. The Big Bang Theory 1-3
그건 중요하지 않아.

[렏미]
Let me handle this. Project Blue Book 1-2
이건 내가 처리할게.

words

field 분야　mad at ~에 화가 난　matter 중요하다　handle ~을 다루다, 처리하다

Step

2 미드 장면을 상상하며 듣고, 세 번 따라 말하세요. □ □ □

041.mp3

Hynek You want me to investigate flying saucers?

Quinn I want you to help me prove to the public the truth they don't exist.

Hynek Captain, I already have a full-time job. Thank you for the offer, but this is really not my field.

* investigate ~을 조사하다 flying saucer 비행접시 prove 증명하다 public 대중 exist 존재하다 full-time job 매달려야 할 일 offer 제안

Project Blue Book 1-1

하이넥 저더러 비행접시를 조사하라는 말씀이십니까?

퀸 절 좀 도와달라는 겁니다. 비행접시는 존재하지 않는다는 사실을 대중에게 증명해 보일 수 있도록 말이죠.

하이넥 대위님, 전 이미 전력을 다해 해야 할 일이 있어요. 제안은 고맙지만 이건 정말 제 분야가 아닙니다.

Step

3 문장을 듣고, 충돌하는 부분에 체크하세요.

042.mp3

1 When I first met you, I knew you were special. Project Blue Book 1-1
당신을 처음 만났을 때 당신이 특별하다는 걸 알았어요.

2 I hope you didn't mind. Drop Dead Diva 1-1
네 기분이 상하지 않았으면 좋겠어.

3 She yelled at me. Drop Dead Diva 1-1
그녀가 내게 소리를 질렀어.

4 It doesn't matter how you feel. Drop Dead Diva 1-2
네 기분이 어떤 지는 중요하지 않아.

5 He found out my secret. Arrow 1-1
걔가 내 비밀을 알아버렸어.

저자 특강 14

answers

mind 기분 나빠 하다 yell at ~에게 소리치다
find out ~을 알아내다

❶ first met ❷ didn't mind ❸ at me ❹ doesn't matter ❺ out my

03 충돌하는 d와 s

[해픈쏘]
It happened so fast.

동사는 과거형이나 과거분사형일 때 끝 자음이 d인 경우가 많다. happened so[해픈드쏘]는 [드] 소리가 아주 약하게 나고 뒤따라오는 s의 소리가 강해서 [해픈쏘]처럼 들린다. [드]가 안 들려도 대화의 맥락이 있으므로 원어민은 시제를 전혀 혼동하지 않으니 걱정하지 않아도 된다.

Step 1  정확한 발음을 듣고, 세 번 따라 말하세요. 

043.mp3

happened so   **grabbed some**   **need some**
committed suicide   **United States**

[해픈쏘]
It happened so fast. Dynasty 1-1
너무 순식간에 일어난 일이야.

[그랩썸]
We just grabbed some milk shakes. YOU 1-1
우리는 그냥 밀크 쉐이크를 마셨어요.

[니인썸]
I'm gonna need some coffee. Dynasty 1-1
저 커피 좀 마셔야겠어요.

[커미릿수이싸이드]
He committed suicide. 11.22.63 1-1
그 사람은 자살했어.

[유나이린스테잇츠]
We are not planning to attack the United States. 24 2-1
우리는 지금 미국을 공격할 계획이 없습니다.

words

happen 발생하다 so fast 너무 빨리 grab ~을 마시다, 먹다 commit suicide 자살하다 attack ~을 공격하다

Step 2 미드 장면을 상상하며 듣고, 세 번 따라 말하세요. □ □ □

044.mp3

Ron　Where have you been, Paco?

Paco　We just grabbed some milk shakes.

Ron　You just walk off with strangers?

Paco　Joe's not a stranger.

* walk off with ~와 함께 자리를 뜨다
stranger 낯선 사람, 모르는 사람

론　파코, 어디 갔었니?

파코　저희 밀크 쉐이크 마시고 왔어요.

론　모르는 사람하고 그렇게 돌아다니니?

파코　조는 모르는 사람이 아닌데요.

YOU 1-1

Step 3 문장을 듣고, 충돌하는 부분에 체크하세요.

045.mp3

1 Please, I need some help! 24 2-4
저기, 저 좀 도와주세요!

2 I've been worried sick about you. The Good Place 2-1
네 걱정이 돼서 나 정말 미치는 줄 알았어.

3 I've analyzed some recent data. The Good Place 2-2
내가 최근 데이터를 분석해 봤어.

4 She likes to be treated special. Outsiders 1-3
그녀는 특별 대우 받는 걸 좋아해.

5 I've just started seeing someone. Younger 3-10
나 누구를 좀 만나기 시작했어.

저자 특강 15

answers

be worried sick 걱정이 되서 미칠 지경이다　analyze ~을 분석하다
recent 최근의　treat ~을 대우하다　see ~와 데이트하다

❶ need¦some ❷ worried¦sick ❸ analyzed¦some ❹ treated¦special ❺ started¦seeing

04 충돌하는 v와 p

[해v플랜즈]
Do you have plans?

v는 윗니가 아랫입술에 닿았다 떨어지면서 나는 발음이고 p는 입술이 붙었다 떨어지면서 소리 난다. 이 두 발음이 붙어 있을 때 v는 윗니가 아랫입술에 닿은 상태로 머물고 순간 입술이 붙으면서 p 발음을 하게 된다. v 소리는 거의 들리지 않지만 순간 호흡이 끊어지는 느낌만으로도 충분히 그것이 v임을 전할 수 있다.

Step 1 정확한 발음을 듣고, 세 번 따라 말하세요.

046.mp3

have! plans **have! plenty** **have! progressed**
relieve! past **effective! poison**

[해v플랜즈]
Do you have plans? Big Little Lies 1-1
넌 무슨 계획 있어?

[해v플랜티]
I have plenty of time. Billions 1-9
나 시간 많아.

[해v프러그래스트]
Things have progressed. Boston Legal 2-8
그 동안 진전이 있었어.

[릴리이v패스트]
I don't relieve past traumas. Boston Legal 2-16
난 예전 트라우마를 지우지 못 하겠어.

[이펙티v포이즌]
It's an extremely effective poison. Breaking Bad 2-1
그건 아주 효과적인 독입니다.

words

plenty of ~가 많은 progress 진전을 보이다 relieve ~을 줄이다, 완화하다 trauma 정신적 충격
past 과거의 extremely 극도로 effective 효과적인 poison 독

Step 2 미드 장면을 상상하며 듣고, 세 번 따라 말하세요. □ □ □

047.mp3

Chloe	When I grow up, I'm gonna run a massive label. Do you have plans? * grow up 성장하다 run ~을 운영하다 massive 거대한, 엄청 큰 label 음반 회사
Bowie	No.
Bowie's Mom	He's a little nervous. * nervous 긴장한
Chloe	What kind of music do you listen to?

클로이	난 어른이 되면 정말 커다란 레코드 회사를 운영할 거야. 넌 무슨 계획 있어?
보우이	아니.
보우이 엄마	보우이가 좀 긴장했구나.
클로이	넌 평소에 무슨 음악을 들어?

Big Little Lies 1-1

Step 3 문장을 듣고, 충돌하는 부분에 체크하세요.

048.mp3

1 You have poor judgement. Breaking Bad 2-11
넌 판단력이 안 좋아.

2 I started this quest to save people. Arrow 2-11
나는 사람들을 구하기 위한 이 탐색을 시작했다.

3 I shouldn't have pushed you. Beyond 1-5
너를 다그치지 말았어야 했어.

4 You're a very sensitive person. Ally McBeal 1-15
넌 정말 섬세하구나.

5 I have paperwork. Ally McBeal 2-1
나 서류 작업을 해야 돼.

저자 특강 16

answers

poor 좋지 못한 judgement 판단력 quest 탐구, 탐색
push ~를 다그치다 sensitive 예민한, 세심한 paperwork 서류 작업

❶ have!poor ❷ save!people ❸ have!pushed ❹ sensitive!person ❺ have!paperwork

05 충돌하는 d와 t

[헌드릳타임ㅈ]

We fact-checked it a hundred times.

d와 t의 충돌은 한국인이 가장 힘들어하는 발음 중 하나다. d를 보면 [드] 소리가 습관적으로 나오기 때문인데 이럴 경우 음절이 추가되어 틀린 발음이 된다. [드] 소리가 나오려는 순간 살짝 멈추면서 다음 소리로 넘어가도록 연습하자.

Step 1 정확한 발음을 듣고, 세 번 따라 말하세요.

049.mp3

hundred times **need to** **respond to**

hard to **stupid time**

[헌드릳타임ㅈ]
We fact-checked it a hundred times. What If 1-1
우리가 그 사실 확인을 수백 번도 더 했잖아.

[니인투]
You need to tell us what you want to do. Grey's Anatomy 1-1
네가 뭘 원하는지 우리한테 꼭 얘기해야 돼.

[리스판투]
She doesn't respond to our meds. Grey's Anatomy 1-1
그녀는 우리 의대생들에게 아무런 반응이 없어.

[하r투]
A smart guy is hard to find. True Detective 1-1
똑똑한 남자는 찾기가 정말 어려워.

[스튜핀타임]
This is a stupid time to mention this. True Detective 1-1
이 얘기를 언급하기에는 지금은 타이밍이 영 아니야.

words

fact-check 사실 확인하다 respond to ~에 반응하다 med 의대생 stupid 어리석은, 우둔한
mention ~을 언급하다

Step
2 미드 장면을 상상하며 듣고, 세 번 따라 말하세요.  □ □ □

050.mp3

Cassidy I will continue to help you on your hunt for the golden ticket. As long as you promise to rework your pitch.

* continue to ~을 계속하다 on one's hunt for ~을 계속 찾는 golden ticket 돈을 많이 벌 기회 as long as ~하기만 하면 rework 재작업하다 pitch 홍보, 권유

Lisa What's wrong with my pitch? We fact-checked it a hundred times.

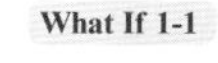

© netflix

캐씨디 네가 돈 벌 기회를 찾아 다니는 걸 내가 계속 도울게. 네 그 홍보 내용을 재작업하기로 약속한다면 말이야.

리사 홍부 문구에 무슨 문제 있어? 우리 그거 사실 확인을 수백 번은 했잖아.

Step
3 문장을 듣고, 충돌하는 부분에 체크하세요.

051.mp3

1 It was a good time to invite me over for dinner. True Detective 1-1
나를 저녁식사에 초대하기에 좋은 시간이었던 거지.

2 Mom seemed to agree. True Detective 1-1
엄마도 생각이 같은 것 같았어.

3 I don't drink 'cause I've had trouble with it before. True Detective 1-1
전에 술 때문에 문제가 좀 있었어서 난 술 안 마셔.

4 You should tell him how you feel. The Society 1-1
네 기분이 어떤지 그에게 말해야 돼.

5 You don't need to do this for me. The Society 1-2
날 위해서 이럴 필요 없어.

저자 특강 17

answers

invite A over for B B를 위해 A를 초대하다 agree 동의하다 'cause because의 줄임말
have trouble with ~에 문제가 있다 how you feel 네 기분 상태

❶ good time ❷ seemed to ❸ had trouble ❹ should tell ❺ need to

너희 둘은 서로에게
끌리게 된다~
자음
모음

자석처럼 끌리는 자음과 모음의 연결, 연음

철자가 가지고 있는 음가는 묵음으로 처리되는 경우를 제외하고는 반드시 소리가 있다.
특히 자음과 모음이 연결될 때는 앞 자음의 소리가 매우 정확하게 난다.
이때 자음의 소리를 엉뚱하게 바꾸지 않도록 주의하자.
예를 들어 deep is를 [디이비즈]라고 읽기도 하는데, [디이피즈]가 맞다.

01 자음 k와 모음 a 연음

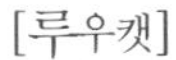

Don't look at me like that.

look는 [루우크]라고 [크]를 아주 약하게 발음하지만, 뒤에 모음으로 시작되는 at이 이어지면 이 [크]는 선명한 [캣]이 된다. 만약 look를 [룩]이라고 발음하는 것에 익숙해지면 look at은 [루갯]이라고 하기 쉽다. [크]를 [그]로 바꾸는 실수를 하지 않도록 주의하자.

Step 1 정확한 발음을 듣고, 세 번 따라 말하세요.

052.mp3

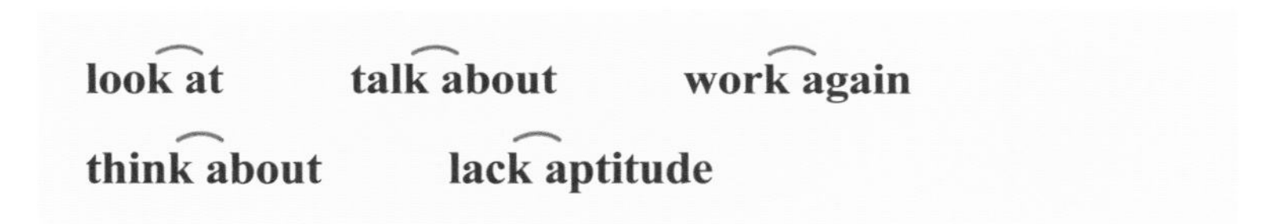

[루우캣]
Don't look at me like that. Good Girls 1-7
나를 그런 식으로 보지 마.

[토커바우트]
We need to talk about the SAT tutor. Big Little Lies 1-1
우리 SAT 개인 교사에 대해서 얘기해야 돼.

[워r커겐]
You're worrying about your work again? Black Mirror 1-1
당신 또 일 걱정하고 있지?

[씽커바우트]
I'll think about it. Black Mirror 5-3
그건 생각 좀 해 볼게.

[래캡티튜드]
I lack aptitude. A Discovery of Witches 1-1
난 소질이 없어.

words

SAT 미국의 대학 입시 시험 tutor 개인 가정교사 lack ~이 없다, 부족하다 aptitude 소질, 적성

Step
2 미드 장면을 상상하며 듣고, 세 번 따라 말하세요. □ □ □

053.mp3

Beth I can try and squeeze a tiny bit more out of Dean.
I'm getting an allowance again. Don't look at me like that,
he offered it and I took it. * squeeze ~을 짜내다 allowance 용돈, 비용, 수당

Ruby Hey, I am not throwing stones. * throw stones 비난하다

베쓰 내가 딘에게서 조금 더 짜내 보지 뭐.
지금 다시 용돈을 받고 있는 상황이니까.
그런 식으로 보지 마. 딘이 주겠다고 했고,
난 받았을 뿐이니까.

루비 뭐야, 난 지금 비난하는 게 아니야.

Good Girls 1-7

Step
3 문장을 듣고, 소리가 연결되는 부분에 체크하세요.

054.mp3

1 Can you check again? A Discovery of Witches 1-3
다시 한번 확인해 줄래?

2 I'm gonna stick around here a little bit. Maniac 1-4
나는 여기 좀 더 있을 거야.

3 It won't work at all. The Alienist 1-6
그건 전혀 효과 없을 거야.

4 I like the air here. It's cleaner than back at home. Nightflyers 1-1
여기 공기가 마음에 들어요. 집보다 더 깨끗해요.

5 His wife's been at work all day. Bodyguard 1-5
그의 아내는 하루 종일 회사에 있었어.

저자 특강 18

answers

check 확인하다 stick around (주변에) 계속 머무르다 work 효과가 있다
at all (부정문에서) 전혀, 조금도 at work 직장에서 일하고 있는

❶ check‿again ❷ stick‿around ❸ work‿at ❹ back‿at ❺ work‿all

02 자음 m과 모음 a 연음

[아이머]
I'm a vegetarian.

I am의 줄임말인 I'm 뒤로 관사 a가 오면 [아임]과 [어]과 연결되어 [아이머]라고 읽게 된다. 특수한 경우를 제외하고는 I'm a 부분에 강세가 붙지 않기 때문에 [아이]는 거의 소리가 나지 않고 자음이 포함된 [머]만 살짝 난 뒤 바로 다음 단어로 넘어가니 들을 때 주의하자.

정확한 발음을 듣고, 세 번 따라 말하세요.

055.mp3

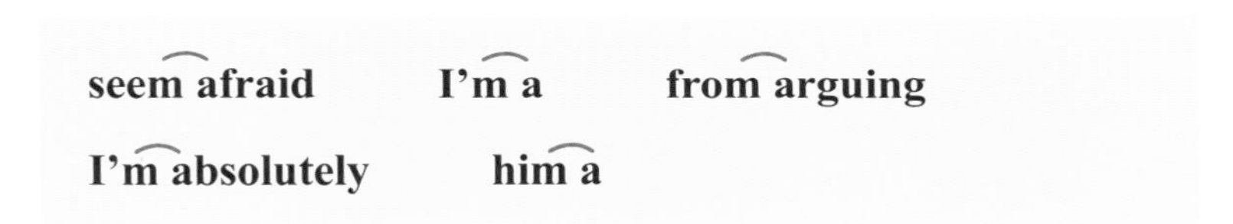

[씨머프레이드]
You don't seem afraid at all. Lost 1-1
당신은 전혀 무서워하지 않는 것 같네요.

[아이머]
I'm a vegetarian. Lost 1-1
저는 채식주의자입니다.

[프로마ʳ규잉]
You should refrain from arguing in front of the child. Lucifer 1-1
아이 앞에서 언쟁은 자제하세요.

[아이맵설룯을리]
I'm absolutely knackered. Luther 2-1
난 지금 완전히 지칠 대로 지쳤어.

실제로는 앞의 give와 연음되어 [기비머]라고 들린다.

[히머]
Why don't we just give him a ring? Luther 3-3
우리 그냥 그 애한테 전화할까?

words

afraid 두려워하는 vegetarian 채식주의자 refrain from ~하는 것을 삼가다 in front of ~의 앞에
absolutely 극도로 knackered 몹시 지친 give a ring 전화하다

Step
2 미드 장면을 상상하며 듣고, 세 번 따라 말하세요.

□ □ □

056.mp3

Kate I might throw up on you. * throw up on ~에게 토하다

Jack You're doing fine.

Kate You don't seem afraid at all. I don't understand that.

케이트 당신한테 토할지도 몰라요.

잭 지금 잘하고 계세요.

케이트 당신은 전혀 무서워하지 않는 것 같네요.
전 그게 이해가 안 가요.

Lost 1-1

Step
3 문장을 듣고, 소리가 연결되는 부분에 체크하세요.

057.mp3

1 Leave him alone. Misfits 1-6
그 애 내버려 둬.

2 You never should have given him a bike. Modern Family 1-1
넌 그 애한테 자전거를 주지 말았어야 했어.

3 I'm actually jealous of you. Modern Family 1-6
난 사실 너한테 질투가 나.

4 I've been with the team all weekend. Mr. Robot 1-10
나는 그 팀과 주말 내내 함께 있었어.

5 I need you to speak with him and warn him. Narcos 1-4
난 네가 그와 대화를 나누고 경고를 해 줬으면 해.

저자 특강 19

answers

leave ~ alone ~를 건드리지 않고 내버려 두다 actually 사실
be jealous of ~를 질투하다 warn ~에게 경고하다

❶ him‿alone ❷ him‿a ❸ I'm‿actually ❹ team‿all ❺ him‿and

Most of them are fakes.

most만 발음하면 t가 아주 약하게 소리나지만 뒤에 of처럼 모음으로 시작하는 단어가 오면 [모스터브]로 [터]라는 확실한 소리가 만들어진다. 비록 문장 전체에서 of는 강세가 없지만 [터]는 매우 정확히 들린다. 말할 때도 이 점을 놓치지 말자.

Step

058.mp3

first of **most of** **least one**

belt on **conflict of**

[퍼r스터브]
First of all, I need time to prepare. Drop Dead Diva 1-3
무엇보다 일단, 제가 준비할 시간이 필요합니다.

[모스터브]
Most of them are fakes. Drop Dead Diva 1-5
그것들 대부분이 가짜입니다.

[리스트원]
At least one civilian death has been reported. Madam Secretary 1-2
적어도 민간인 한 명이 사망했다는 보고가 있었다.

[벨톤]
Keep your seat belt on. Big Little Lies 1-1
안전벨트 계속 매고 있어.

[컨플릭터브]
I'm just worried about the conflict of interest. Younger 3-9
나는 그냥 이해관계의 충돌이 걱정돼.

words

first of all 우선 prepare 준비하다 fake 모조품 at least 적어도, 최소한 civilian 민간인
report 발표하다, 알리다 seat belt 안전벨트 on 착용한 상태인 conflict of interest 이해관계의 충돌

Step

2 미드 장면을 상상하며 듣고, 세 번 따라 말하세요.

059.mp3

Judge	What I don't understand is why you're asking for a continuance. * ask for ~을 요구하다 continuance 재판의 연기
Jane	Well, first of all, I need time to prepare.
Judge	Prepare? What's to prepare? It's like giving birth. * give birth 아이를 낳다
Jane	I've never actually done that.

Drop Dead Diva 1-3

판사	당신이 왜 재판 연기를 요구하는지 이해가 안 갑니다.
제인	아, 우선은 제가 준비할 시간이 필요합니다.
판사	준비요? 뭘 준비해요? 이건 아이를 낳는 것과 똑같은 거예요.
제인	제가 실제로 아이를 낳아본 적이 없어서요.

Step

3 문장을 듣고, 소리가 연결되는 부분에 체크하세요.

060.mp3

1 Did you get lost on your way to the library? 13 Reasons Why 1-1
너 도서실 가다가 길을 잃었니?

2 You'll regret it for the rest of your life. 13 Reasons Why 2-3
너는 사는 동안 내내 그걸 후회할 거야.

3 They were ignorant of the problems. 13 Reasons Why 2-8
그들은 그 문제들에 대해 무지했다.

4 They went on strike. Designated Survivor 3-4
그들은 파업에 들어갔다.

5 Let's talk on the subject of drugs. Designated Survivor 3-3
마약을 주제로 대화를 나눠 봅시다.

저자 특강 20

answers

get lost 길을 잃다 on one's way to ~에 가는 도중인 regret ~을 후회하다
be ignorant of ~에 대해서 무지하다 go on strike 파업에 들어가다 subject 주제 drug 마약; 약

❶ lost on ❷ rest of ❸ ignorant of ❹ went on ❺ subject of

04 자음 v와 모음 a 연음

[무버싸이드]
Move aside.

v는 윗니가 아랫입술에 붙었다 떨어지면서 가볍게 [브] 소리를 내는 발음이다. 이 소리 뒤에 모음이 와서 연음이 될 때 주의할 것은 입술을 붙여 b로 발음하지 않는 것이다. 단어 하나만 발음할 때는 잘 되더라도, 연이어 발음할 때는 헷갈리기 쉬우니 주의하자.

Step 1 정확한 발음을 듣고, 세 번 따라 말하세요. ☑ □ □

061.mp3

move aside **prove anything** **have a**

assertive and **live around**

[무버싸이드]
Move aside. Outsiders 1-4
옆으로 비켜.

[프루배니씽]
I don't have to prove anything. Outsiders 1-4
난 아무것도 증명할 필요 없어.

[해버]
You have a very important choice to make. The Good Place 1-1
당신은 아주 중요한 선택을 해야 합니다.

[어써티밴드]
What is the difference between assertive and aggressive? Homecoming 1-4
적극적인 것과 공격적인 것의 차이는 뭘까?

[리버라운드]
You live around here? Homecoming 1-4
이 근처에 사세요?

words

aside 한쪽으로, 길을 비켜 prove ~을 증명하다 make a choice 선택하다 assertive 적극적인 aggressive 공격적인

Step 2 미드 장면을 상상하며 듣고, 세 번 따라 말하세요.  □ □ □

062.mp3

G'win	Move aside. Fetch some water. Lady Ray. * fetch ~을 가지고 오다
Lady Ray	How long I've been away? * be away 의식을 잃다
G'win	13 days.
Lady Ray	My boy. Bring him to me.

그윈	비켜 있어. 물 가져 와. 레이디 레이.
레이디 레이	내가 얼마 동안 의식을 잃었었나?
그윈	13일 동안이요.
레이디 레이	내 아들. 그 애를 나한테 데려와.

Outsiders 1-4

© WGN america

Step 3 문장을 듣고, 소리가 연결되는 부분에 체크하세요.

063.mp3

1 I have absolutely no idea. Killing Eve 1-2
나는 전혀 몰라.

2 I have a lot of work to do. Killing Eve 1-3
나 할 일이 많아.

3 They have the ability to save all of us? Nightflyers 1-2
그들에게 우리 모두를 구할 수 있는 능력이 있다고?

4 There's no way you can be objective about any of this. Nightflyers 1-5
이런 종류의 일에는 객관적일 수가 없어.

5 Leave a message after the beep. The Society 1-1
삐 소리 후에 메시지를 남겨 주세요.

저자 특강 21

answers

absolutely 전혀 have no idea 모르다 save ~을 구하다
objective 객관적인 any of this 이런 일은 뭐가 됐든

❶ have‿absolutely ❷ have‿a ❸ save‿all ❹ objective‿about ❺ Leave‿a

05 자음 k와 모음 i 연음

I'm glad you moved back in. [배킨]

k는 자칫하면 [그]로 발음하기 쉬운데 [크] 소리가 나도록 정확히 발음해야 한다. 특히 back in처럼 k 뒤에 모음이 연결될 때 [배긴]이 아니라 [배킨]으로 발음해야 하니 조심하자.

Step 1 정확한 발음을 듣고, 세 번 따라 말하세요.

064.mp3

back in **work it** **work in**

look into **check it**

[배킨]
I'm glad you moved back in, Daddy. 24 1-1
아빠가 다시 집으로 들어와서 좋아.

[워r키트]
She does know how to work it. Drop Dead Diva 1-1
그녀는 그걸 작동시키는 방법을 아주 잘 알고 있어.

[워r킨]
Pick me up at work in an hour. Drop Dead Diva 1-3
한 시간 후에 회사로 날 데리러 와.

[루우킨투]
He said he'd look into it. Under the Dome 1-1
그 사람이 그걸 조사해 보겠다고 했어.

[췌키라웃]
Let's go check it out. Under the Dome 1-2
그거 한번 가서 확인해 보자.

words

move back in 짐을 싸서 다시 들어가다/오다 work ~을 작동하다 in an hour 한 시간 후에
look into ~을 조사하다 check out ~을 조사하다, 확인하다

Step 2 미드 장면을 상상하며 듣고, 세 번 따라 말하세요.  □ □ □

065.mp3

Jack It's a school night for you, so time for bed. * school night 등교 전날 밤

Kim I love you. I'm glad you moved back in, Daddy.

Jack Me, too, sweet. Have a good sleep.
* sweet 사랑하는 사람을 부르는 호칭

24 1-1

© fox

잭 내일 학교 가는 날이잖니. 가서 자야지.

킴 사랑해요. 아빠가 다시 들어오셔서 정말 좋아요.

잭 아빠도 좋구나, 우리 딸. 잘 자거라.

Step 3 문장을 듣고, 소리가 연결되는 부분에 체크하세요.

066.mp3

1 I don't think it's necessary. Madam Secretary 1-1
난 그게 꼭 필요한 것 같지 않아.

2 Work is tough. Madam Secretary 1-3
일이 힘들어.

3 The book is about his life. Younger 1-2
그 책은 그의 삶에 관한 내용이다.

4 You don't need to get up every time I walk into a room. Designated Survivor 1-2
내가 방에 들어올 때마다 일어설 필요 없어요.

5 I'll be back in a few hours. Designated Survivor 1-5
몇 시간 후에 돌아오겠습니다.

저자 특강 22

answers

necessary 꼭 필요한 tough 힘든, 어려운 be about ~에 관한 것이다
in a few hours 몇 시간 후에

❶ think it's ❷ Work is ❸ book is ❹ walk into ❺ back in

06 d+you 연음

[디쥬]
Did you have fun?

did you는 d가 you와 연결되면서 [즈] 소리를 갖게 되어 [디쥬]로 연음된다. 참고로 연음 없이 [딛유]라고 발음하는 사람도 종종 있다. 들을 때를 대비해서 두 가지 모두 알아두고, 말할 때는 편한 방식을 선택하면 된다.

Step 1 정확한 발음을 듣고, 세 번 따라 말하세요. ☑ □ □

067.mp3

did you　**need your**　**said you're**

told you　**would you**

[디쥬]
Did **you** have fun? Younger 2-1
재미있었니?

[니쥬어]
I nee**d your** government-issued BlackBerry. Designated Survivor 1-1
정부에서 지급한 블랙베리 스마트폰을 반납하세요.

[세쥬아]
You've always sai**d you're** always on my side. Designated Survivor 1-1
넌 항상 내 편이라고 네가 늘 말했잖아.

[톨쥬]
I tol**d you** why. Madam Secretary 1-1
이유는 내가 얘기해 줬잖아.

[우쥬]
Woul**d you** mind giving us a minute? Madam Secretary 1-2
저희한테 잠깐만 시간을 내 주시겠어요?

words

have fun 재미있게 보내다　issued 발행된　on one's side ~의 편인　mind ~을 싫어하다, 꺼리다

Step 2 미드 장면을 상상하며 듣고, 세 번 따라 말하세요.  □ □ □

068.mp3

Mike	Secretary, you need to put the phone down.
Secretary	Mike, what the hell is going on?
Mike	I said put the phone down.
Secretary	Okay, okay.
Mike	I need **your** government-issued BlackBerry.

* secretary 장관
put ~ down ~을 내려놓다

마이크	장관님, 전화기 내려놓으세요.
장관	마이크, 이게 도대체 무슨 일이에요?
마이크	전화기 내려 놓으시라고 했습니다.
장관	알았어요, 알았어.
마이크	정부에서 지급한 블랙베리 스마트폰을 주세요.

Designated Survivor 1-1

Step 3 문장을 듣고, 소리가 연결되는 부분에 체크하세요.

069.mp3

1 Could you be more specific? The Big Bang Theory 1-3
좀 더 자세히 말해 줄 수 있을까?

2 When did your mother go into menopause? The Big Bang Theory 1-4
어머니께서는 언제 폐경기로 접어드셨죠?

3 I'll send you an email. Big Little Lies 1-1
내가 이메일 보내 줄게.

4 I heard you're working at the community theater. Big Little Lies 1-1
당신이 커뮤니티 극장에서 일한다고 들었어요.

5 Why don't you mind your business? Billions 1-3
네 일에나 신경 쓰지 그래?

저자 특강 23

answers

specific 구체적인, 분명한 menopause 폐경, 폐경기 go into menopause 폐경에 접어들다
community theater 지역사회에서 운영하는 소극장 mind one's business ~의 일에 신경 쓰다

❶ Could‿you ❷ did‿your ❸ send‿you ❹ heard‿you're ❺ mind‿your

07 k+you 연음

[쌩큐]
I don't know how to thank you.

thank you는 [쌩크유]가 아니라 연음해서 [쌩큐]라고 읽는다. how to thank you는 how와 thank에 강세가 있으므로 [하우루쌩큐]로 들린다. 말할 때도 강세에 신경써서 발음해야 의미가 전달되니 주의하자.

070.mp3

thank you **ask you** **think you**
outrank you **back you**

[쌩큐]
I don't know how to than**k you**. Billions 1-3
뭐라고 감사의 말씀을 드려야 할지 모르겠네요.

[애스큐]
It was too late to as**k you** for help. Billions 1-4
너한테 도움을 청하기에는 너무 늦었어.

[씽큐]
I thin**k you** should reconsider. Billions 1-5
난 당신이 재고해야 된다고 생각해.

[아웃랭큐]
I outran**k you**. Boston Legal 1-1
내가 너보다 지위가 더 높아.

[백큐]
Whenever you're ready to come ba**ck you** just say. Broadchurch 1-4
네가 돌아올 준비가 되면 언제든 말만 해.

words

ask for help 도움을 청하다 reconsider 재고하다 outrank ~보다 지위가 높다 whenever ~할 때는 언제든지

Step 2 미드 장면을 상상하며 듣고, 세 번 따라 말하세요.  □ □ □

071.mp3

Lara June, I spoke to Carl Belanger at Stanford.
I have a very good feeling that your son'll get accepted.
Congratulations. * get accepted 입학허가를 받다

June I don't know how to than**k you**.

라라 준, 스탠포드의 칼 벨린저하고 대화를 했어요.
제 느낌이 좋아요. 아드님이 입학허가를 받게 될 것 같아요. 축하해요.

준 제가 뭐라고 감사의 말씀을 드려야 할지 모르겠네요.

Billions 1-3

Step 3 문장을 듣고, 소리가 연결되는 부분에 체크하세요.

072.mp3

1 Let me ask you a question. Boston Legal 1-1
내가 질문 하나 하지.

2 That's when you walk your dog? Broadchurch 1-7
그게 당신이 개를 데리고 산책할 때인가요?

3 Thank you for asking me. Brothers and Sisters 2-5
나한테 물어봐 줘서 고마워.

4 You pick your grandmother up at the airport. Brothers and Sisters 2-9
네가 너희 할머니를 공항에서 모셔 가야지.

5 What took you so long? Brothers and Sisters 2-9
왜 그렇게 시간이 오래 걸린 거야?

저자 특강 24

answers

walk a dog 개를 산책을 시키다 thank you for ~해줘서 고맙다
pick up at ~에서 사람을 픽업하다 take 시간이 ~걸리다

❶ ask͡you ❷ walk͡your ❸ Thank͡you ❹ pick͡your ❺ took͡you

08 p+you 연음

I don't think I can help you. [헬퓨]

help you는 [헬프유]가 연음되면서 [헬퓨]가 된다. p는 윗입술과 아랫입술이 닿았다 떨어지면서 나오는 파열음이다. 윗니가 아랫입술에 닿았다 떨어지면서 나는 f 발음과 다르게 소리내야 한다.

Step 1 정확한 발음을 듣고, 세 번 따라 말하세요. ☑ □ □

073.mp3

help you **keep your** **stop you**
up your **drop you**

[헬퓨]
I don't think I can hel**p you**. The Good Place 1-1
나는 널 도와줄 수 없을 것 같아.

[키이퓨어]
Kee**p your** mouth shut, got it? 13 Reasons Why 1-2
넌 아무 말 말고 입 닥치고 있어, 알았어?

[스타퓨]
Don't let anything sto**p you**. Dynasty 1-20
무슨 일이 있어도 멈추면 안 돼.

[어퓨어r]
Just pack u**p your** things. The Handmaid's Tale 1-3
네 짐이나 챙겨.

[드라퓨]
I'll dro**p you** off. Good Girls 1-7
가다가 내려 드릴게요.

words

get it 이해하다 pack up things 짐을 싸다 drop off 내려주다

Step 2 미드 장면을 상상하며 듣고, 세 번 따라 말하세요. 

074.mp3

Eleanor All right, we need a plan. I say we just lie low and hope that they don't notice me. * lie low 눈에 띄지 않다 notice ~을 주목하다

Chidi I'm sorry, I don't think I can help you. I just don't like being dishonest, and I can't advise you to be dishonest either.
* dishonest 정직하지 못한 advise ~에게 충고하다

The Good Place 1-1

© HBO

엘리노어 그래요, 우리는 계획이 필요해요. 우리는 그냥 눈에 띄지 않게 있고 남들이 나한테 관심을 갖지 않기를 바라야죠.

치디 죄송한데요, 제가 도와드릴 수 없을 것 같네요. 저는 정직하지 않은 걸 좋아하지 않아요. 그래서 당신한테도 정직하지 말라고 충고할 수가 없네요.

Step 3 문장을 듣고, 소리가 연결되는 부분에 체크하세요.

075.mp3

1 Keep your voice down. 13 Reasons Why 1-5
목소리 좀 낮춰.

2 It will help you make that decision. 13 Reasons Why 1-13
그게 당신이 그 결정을 내리는 데 도움을 줄 거야.

3 I came to keep you company. Homecoming 1-2
난 네 말동무해 주러 왔어.

4 Every step you take I'll be watching you. Maniac 1-3
당신의 모든 움직임을 내가 지켜보고 있을 겁니다.

5 Keep your coat on. Killing Eve 1-3
코트 입고 있어.

저자 특강 25

answers

make a decision 결정하다 keep ~ company ~의 말동무를 하다
keep ~ on ~을 입고 있다

❶ Keep‿your ❷ help‿you ❸ keep‿you ❹ step‿you ❺ Keep‿your

09 s+you 연음

[워쥬어r]

What was your thinking?

you의 발음기호는 [ju:]지만 실제 발음되는 소리는 [유]이기 때문에 앞의 자음과 연음이 된다. you 앞에 s가 오면 [슈], 또는 [쥬], [츄] 같은 소리가 난다.

Step 1  정확한 발음을 듣고, 세 번 따라 말하세요. 

076.mp3

was your **makes you** **brings you**
puts you **embarrass you**

[워쥬어r]
What was **your** thinking? Cardinal 1-1
너 무슨 생각이었던 거야?

[메익슈]
What makes **you** think it was something you did? Cardinal 2-1
그게 네가 한 짓이라고 생각하는 이유가 뭔데?

[브링쥬]
What brings **you** way out here? Cardinal 2-6
네가 왜 여기까지 온 거야?

[푸츄]
That puts **you** in a lot of trouble. Castle 1-6
그걸로 인해서 네가 여러 어려움을 겪게 된다고.

[임배러슈]
I didn't want to embarrass **you** in front of friends. Castle 1-8
친구들 앞에서 너를 난처하게 만들고 싶지 않았어.

words

a lot of 많은 embarrass ~를 난처하게 만들다

Step 2 미드 장면을 상상하며 듣고, 세 번 따라 말하세요.  □ □ □

077.mp3

Kate We can link the red flannel to two other murders.
In this country, that puts **you** in a lot of trouble.

* link ~와 연결시키다
flannel 플란넬 천

Azi I've done nothing wrong.

Kate Two people are dead.
One of them is a man that you lived with.

Castle 1-6

케이트 우리는 이 빨간 플란넬 천을 다른 두 개의 살인과 연결시킬 수 있어. 이 나라에서는 그렇게 되면 당신은 아주 곤란한 상황에 처하게 되지.

아지 난 잘못한 게 하나도 없어요.

케이트 두 사람이 죽었어. 그 중 한 사람은 당신과 함께 살던 남자잖아.

Step 3 문장을 듣고, 소리가 연결되는 부분에 체크하세요.

078.mp3

1 Your friend says you were drinking. Outsiders 1-2
네 친구 말로는 네가 술을 마시고 있었다던데.

2 That's your choice. Outsiders 1-2
그건 네가 알아서 할 문제지.

3 Don't you move, unless you want to die. Outsiders 1-3
죽고 싶지 않으면 움직이지 마.

4 The way she supports you, it's really cool. Recovery Road 1-5
그녀가 당신을 지지하는 방식이 정말 멋지네.

5 That's what makes you stupid. Recovery Road 1-9
그런 것 때문에 네가 어리석다는 거야.

저자 특강 26

answers

unless ~이 아니라면 support ~을 후원하다, 지지하다
cool 멋있는 stupid 멍청한, 어리석은

❶ says͡ you ❷ That's͡ your ❸ unless͡ you ❹ supports͡ you ❺ makes͡ you

[돈츄]
Don't you ever do that again.

don't you는 t가 약하게 소리 난 후에 you와 연음되면서 [돈츄]로 소리 난다. 다른 연음과는 달리 아예 다른 소리가 나므로 습관이 되도록 많이 연습해야 한다.

079.mp3

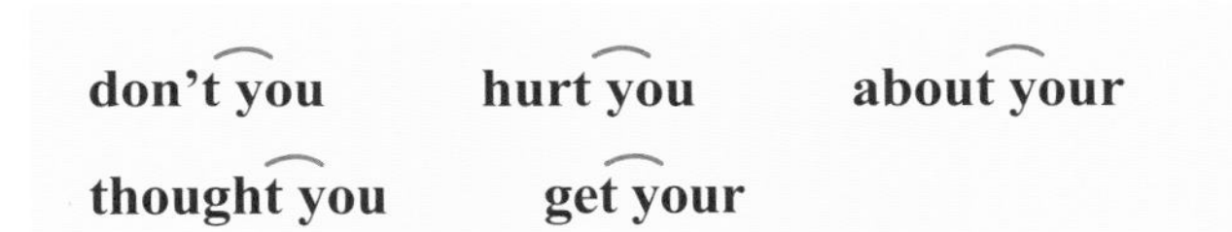

[돈츄]
Don't you ever do that again. Ally McBeal 1-1
다시는 그런 짓 하지 말아요.

[허r츄]
He was scared it would hurt you. Ally McBeal 1-2
그는 그게 너를 다치게 할까 봐 두려웠던 거야.

[어바우츄어r]
I heard about your dad. 11.22.63 1-1
너희 아버지 소식 들었어.

[쏘츄]
I thought you didn't have any hobbies. 11.22.63 1-1
난 네가 아무런 취미도 없는 줄 알았어.

[게츄어r]
Get your hair cut. 11.22.63 1-1
머리 좀 잘라.

words

scared 두려운　hobby 취미　get one's hair cut 머리를 자르다

Step
2 미드 장면을 상상하며 듣고, 세 번 따라 말하세요.  □ □ □

080.mp3

Georgia Why did he feel so guilty? * guilty 죄책감이 드는

Ally He was scared it would hurt **you**.
Most women don't want to remind a man of another woman's leg. * remind ~을 상기시키다

조지아 그가 왜 그렇게 죄책감을 느꼈을까요?

앨리 그게 당신에게 상처를 줄까 봐 두려웠던 거죠.
대부분의 여성들은 남자에게 다른 여성의 다리를 상기시키길 원치 않잖아요.

Ally McBeal 1-2

Step
3 문장을 듣고, 소리가 연결되는 부분에 체크하세요.

081.mp3

1 I will let you know. American Crime 1-1
내가 알려 줄게.

2 Stand up and put your hands behind your back. American Crime 1-1
일어서서 두 손을 등 뒤로 두세요.

3 Just tell me what you want. Arrow 1-1
그냥 네가 원하는 걸 말해 봐.

4 It was nice to meet you. Arrow 1-1
만나서 반가웠습니다.

5 Why should I trust you? Arrow 2-1
내가 왜 너를 믿어야 되는데?

저자 특강 27

answers

let you know 너에게 알려 주다 behind one's back 등 뒤로 trust ~을 신뢰하다

❶ let you ❷ put your ❸ what you ❹ meet you ❺ trust you

11 What do you …? 연음

[웟두유 / 워루유]

What do you think?

What do you think?는 [웟두유씽크]라고 읽는다. 하지만 빠르게 말하면 What do에서 t와 d가 모음 사이에서 [ㄹ]로 소리 나면서 발음이 Whar ro you로 바뀌는 경우도 있다.

Step 1 정확한 발음을 듣고, 세 번 따라 말하세요.

082.mp3

what do you

[웟두유 / 워루유]
What do you think? Pretty Little Liars 1-1
네 생각은 어때?

[웟두유 / 워루유]
What do you take me for? Cardinal 1-6
너 나를 어떻게 보고 이래?

[웟두유 / 워루유]
What do you want me to say? Drop Dead Diva 1-2
내가 뭐라고 말하면 좋겠어?

[웟두유 / 워루유]
What do you think you're doing? Drop Dead Diva 1-5
너 도대체 지금 뭐 하는 거야?

[웟두유 / 워루유]
What do you do for work? Jane the Virgin 1-7
무슨 일 하세요?

words

take A for B A를 B라고 생각하다　for work 직업으로

Step 2 미드 장면을 상상하며 듣고, 세 번 따라 말하세요. □ □ □

083.mp3

Spencer What do you think?

Melissa You have an eye for design. I absolutely love it. * have an eye for ~을 보는 눈이 있다

Spencer Thank you.

Melissa Honestly, when mom said you were converting the barn to a loft, I couldn't see it, but it's beautiful. Job well done.

* convert ~을 개조하다 barn 헛간 loft 다락방 see ~을 이해하다

스펜서 어때?

멜리사 너 디자인 감각이 있네. 정말 마음에 들어.

스펜서 고마워.

멜리사 솔직히, 엄마가 네가 헛간을 다락방으로 개조한다고 말했을 때 난 이해가 안 됐는데, 예쁘네. 아주 잘했어.

Pretty Little Liars 1-1

© Freeform

Step 3 문장을 듣고, 소리가 연결되는 부분에 체크하세요.

084.mp3

1 What do you need me for? Under the Dome 1-10
뭐 때문에 내가 필요한 건데?

2 What do you mean? Jane the Virgin 1-1
그게 무슨 말이야?

3 What do you remember about him? Jane the Virgin 1-9
걔에 대해서 뭐가 기억나?

4 What do you recommend? Madam Secretary 1-1
뭘 추천하시나요?

5 What do you have in mind? Recovery Road 1-9
무슨 생각을 하고 있는 거야?

저자 특강 28

answers

what for 무엇 때문에 recommend ~을 추천하다 have in mind 생각하고 있다, 마음에 두고 있다

❶~❺ what do you

12 What are you …? 연음

[워라유/워류]

What are you talking about?

t는 모음 사이에서 [ㄹ] 소리로 연음되므로 What are you의 발음은 Whar are you[워라유]가 된다. 이것이 또 빠르게 말하다 보면 [워류]처럼 들리기도 한다.

Step 1 정확한 발음을 듣고, 세 번 따라 말하세요. 

085.mp3

what are you

[워라유/워류]
What are you talking about? Madam Secretary 1-4
너 지금 무슨 소리를 하는 거야?

[워라유/워류]
What are you here for? Madam Secretary 1-5
너 무슨 일로 여기에 온 거니?

[워라유/워류]
What are you doing here? Younger 2-3
너 지금 여기에서 뭐하고 있어?

[워라유/워류]
What are you wearing? Designated Survivor 1-2
너 지금 뭘 입고 있는 거야?

[워라유/워류]
What are you doing up so late? Designated Survivor 1-3
너 이렇게 늦게까지 안 자고 뭐해?

words

what for 무엇 때문에 be wearing ~을 입고 있다 up 깨어 있는

Step
2 미드 장면을 상상하며 듣고, 세 번 따라 말하세요. □ □ □

086.mp3

Penny Daddy!

Daddy Hey, little pea, how are you? * little pea 아이를 부르는 애칭

Penny **What are you** wearing?

Daddy Oh, this? This is just to protect me in case I fall down.

* protect ~을 보호하다 in case ~일 경우에 fall down 넘어지다

페니 아빠!

아빠 아이구, 우리 꼬마 완두콩, 잘 지내지?

페니 아빠 지금 뭘 입고 있는 거예요?

아빠 아, 이거? 이건 아빠가 넘어질 경우를 대비해 아빠를 지켜 주는 거야.

Designated Survivor 1-2

Step
3 문장을 듣고, 소리가 연결되는 부분에 체크하세요.

087.mp3

1 What are you looking for? Designated Survivor 1-3
너 지금 뭘 찾고 있는 거야?

2 What are you working on? Designated Survivor 1-5
너 지금 무슨 작업하고 있어?

3 What are you thinking? Designated Survivor 1-5
너 지금 무슨 생각해?

4 What are you worried about? Outsiders 2-7
너 지금 뭘 걱정하는 건데?

5 What are you waiting for? Recovery Road 1-3
너 왜 그렇게 꾸물거려?

저자 특강 29

answers

look for ~을 찾다 work on ~을 작업하다 be worried about ~이 걱정되다
wait for ~을 기다리다, ~을 기다리느라 꾸물대다

❶ ~ ❺ what͡ are͡ you

버터처럼 부드럽게
굴려 봐~

옥구슬처럼 굴러가는 t와 d

모음 사이에 t, d가 올 때 t, d 원래 발음 그대로 강하게 소리 내는 게 영국식이고,
이 소리가 r 소리로 부드럽게 넘어가는 게 미국식이다.
그래서 t와 d 발음은 억양과 함께 미국 발음과 영국 발음을 결정짓는 잣대가 된다.
모음 사이에서 r처럼 바뀌는 t, d 발음을 익혀보자.

01 모음 e, o 사이의 t

[베론]
Bet on yourself.

bet on은 영국식으로는 [베톤]으로 발음한다. 반면, 미국식으로는 [베론]으로 부드러워진다. 발음할 때는 어느 쪽을 선택하든 상관 없지만, 들을 때는 모두 알아두어야 좋다.

088.mp3

bet on **get off** **get out** **diet of** **sweet of**

[베론]
Bet on yourself. Brothers and Sisters 1-1
자신감을 가져.

[게러프]
Get off my back. YOU 1-1
나 귀찮게 하지 마.

[게라우러브]
What does she get out of it? What If 1-1
그걸로 그녀가 얻는 건 뭐야?

[다이어러브]
I suggest a diet of white foods. 11.22.63 1-2
나는 백색 음식 다이어트를 추천해.

[스위러브]
That's so sweet of you. Brothers and Sisters 1-13
정말 친절하시네요.

words

bet on ~에 베팅하다, ~을 믿다 get off one's back ~를 귀찮게 하지 않다
get something out of ~에서 뭔가를 얻다 suggest 추천하다 sweet 상냥한, 친절한

Step **2** 미드 장면을 상상하며 듣고, 세 번 따라 말하세요. □ □ □

089.mp3

Kitty Well, it's complicated, Dad. I don't think I'm TV-ready.
* complicated 복잡한 ○○-ready ○○할 준비가 된

Dad Oh, don't be so sure. Bet on yourself, honey.
Never forget. Bet on yourself.

Brothers and Sisters 1-1

© ABC

키티 그게, 복잡해요, 아빠.
전 TV에 나갈 준비가 되지 않았나 봐요.

아빠 그렇게 속단하지 말아라. 자신감을 가져야지, 아가.
절대 잊지 마. 자신감을 가져.

Step **3** 문장을 듣고, 소리가 변하는 부분에 체크하세요.

090.mp3

1 I was trying to get off the phone with Mom. Brothers and Sisters 1-8
나는 엄마와의 통화를 계속 끊으려고 했어.

2 I'll get you a set of keys. 11.22.63 1-3
내가 열쇠 한 세트를 가져다줄게.

3 Get on the phone, call 911. 24 Legacy 1-3
당장 전화 걸어, 119에 전화해.

4 You need to get out of there now. 24 Legacy 1-9
너 지금 당장 거기에서 빠져나와야 돼.

5 Get on your feet. Justified 1-2
그 자리에서 일어서.

저자 특강 30

answers

get off the phone 전화를 끊다 get on the phone 전화를 걸다 911 미국의 소방서 전화번호
get out of ~에서 빠져나오다 get on one's feet 일어서다

❶ get off ❷ set of ❸ Get on ❹ get out ❺ Get on

02 모음 i, a 사이의 t

[기비러]

Just give it a try.

it a만 보면 [이터]라고 해야 하지만 미국식으로는 [이러]라고 발음한다. 즉, 앞의 give[기v]가 it a과 연결되면서 [기비러]라는 소리가 완성된다.

Step

091.mp3

give it a (r)　　**put it all** (r)　　**sit any** (r)

use it against (r)　　**does it all** (r)

[기비러]
Just give **it a** try. Homecoming 1-1
한번 해 봐.

[푸리롤]
I want to put **it a**ll behind me. Homecoming 1-1
난 그 모든 걸 다 잊고 싶어요.

[씨래니웨얼]
S**it a**nywhere. Homecoming 1-5
앉고 싶은 데 아무 데나 앉아요.

[유지러겐스트]
They'll use **it a**gainst you. Homecoming 1-6
그들이 그 사실을 너에게 불리하게 이용할 거야.

[다지롤]
She does **it a**ll the time. Nightflyers 1-2
그녀는 그 일을 항상 변함 없이 한다.

words

give a try 시도하다　put something behind ~의 과거 일을 잊다
against ~에게 불리한　all the time 항상, 늘

Step 2 미드 장면을 상상하며 듣고, 세 번 따라 말하세요.  □ □ □

092.mp3

Craig What is something you learned in the military that you could apply to your work here at the shoe store?

Rainey Not too much, honestly.

Craig Okay, but just give it a try. Okay?

* military 군대 apply to ~에 적용되다 honestly 솔직히

크레이그 자네가 군대에서 배운 것 중에 여기 신발 가게에서 적용할 수 있는 게 뭐가 있을까?

래이니 솔직히 말하면 그다지 없는데요.

크레이그 좋아. 하지만 한번 생각해 보도록 해. 알겠지?

Homecoming 1-1

Step 3 문장을 듣고, 소리가 변하는 부분에 체크하세요.

093.mp3

1 Leave it alone. Nightflyers 1-3
그건 건드리지 말고 가만히 둬.

2 I have to do it again. The Alienist 1-4
나 그거 다시 해야 돼.

3 He won't wait all night. The Alienist 1-10
걔는 밤새 기다리지 않을 거야.

4 It's nice to hear it after so long. The Bletchley Circle 1-1
시간이 지나서 그걸 다시 들으니 좋네.

5 We hit a dead end. Justified 1-2
우린 결국 막다른 골목에 이르렀어.

저자 특강 31

answers

all night 밤새 after so long 그렇게 오랜 시간이 흐른 뒤에
hit a dead end 막다른 골목에 이르다

❶ it alone ❷ it again ❸ wait all ❹ it after ❺ hit a

03 모음 u, o 사이의 t

[아우러ㅂ]
Stay out of it.

t는 모음 사이에서 [르]와 비슷한 소리를 내므로 out of it은 [아우러빗트] 정도로 발음된다. 전체적인 이야기의 맥락을 알 수 없을 때에는 짧은 문장도 발음과 강세, 억양이 정확해야 의미 전달이 쉽다.

Step 1

094.mp3

out(r) of   out(r) on   put(r) our

[아우러ㅂ]
Stay out of it. Big Little Lies 1-1
넌 이 일에서 빠져.

[아우러ㅂ]
We should not make a big deal out of this. Big Little Lies 1-1
우리 이걸로 일 크게 만들지 말자.

[아우론]
I got asked out on a date. Big Little Lies 1-2
나 데이트 신청을 받았어.

[아우러ㅂ]
I'm never out of my mind. Big Little Lies 1-2
난 전혀 미치지 않았어.

[푸라워r]
We put our hearts into it. The Bletchley Circle 1-8
우리는 그 일에 성심성의를 다했어.

words

stay out of ~에서 빠지다　make a big deal out of ~을 부풀려서 난리법석을 떨다
ask out on a date 데이트를 신청하다　out of one's mind 제정신이 아닌　put one's heart into ~에 열중하다

Step 2 미드 장면을 상상하며 듣고, 세 번 따라 말하세요. □ □ □

095.mp3

Madeline How dare she speak to a child like that? * how dare 어떻게 감히
Well, he's being stigmatized as a bully. * be stigmatized 오명을 쓰다 bully 약자를 괴롭히는 사람

Jane Come on, guys. I think we should not make a big deal out of this.
* make a big deal out of 별 일도 아닌데 크게 부풀리다

매덜린 어떻게 그 여자는 아이한테 그렇게 말할 수가 있어? 결국 불량아라는 오명을 뒤집어쓰게 된 거잖아.

제인 그만해요. 우리가 괜히 이 일을 크게 만들 필요 없잖아요.

Big Little Lies 1-1

© HBO

Step 3 문장을 듣고, 소리가 변하는 부분에 체크하세요.

096.mp3

1 I left you out on purpose. Billions 1-2
내가 일부러 널 뺀 거야.

2 She got out of line. Billions 1-3
그녀가 버릇없이 행동했어.

3 You walked out on me. Billions 1-4
당신이 나를 버리고 떠났잖아.

4 Things are out of your control. Billions 1-6
상황이 네가 통제할 수 없을 정도로 걷잡을 수 없게 됐어.

5 I never got it out of my mind. Billions 2-10
난 그 사실을 전혀 잊지 못했어.

저자 특강 32

answers

leave out ~을 빼다 on purpose 일부러 get out of line 선을 넘다, 버릇없이 행동하다
walk out on ~을 버리고 떠나다 out of control 통제불능 상태가 되다 get ~ out of one's mind ~을 잊다

❶ out on ❷ out of ❸ out on ❹ out of ❺ out of

04 모음 o 사이의 t

[나로케이]
It's not okay to yell.

not okay는 영국인도 [나토케이]라고 하지 않는다. not과 okay에 모두 강세가 들어가면서 [나로케이]로 자연스럽게 넘어간다. 뒤에 이어지는 to 역시 모음 사이에 있어서 [루]로 가볍게 발음되므로 not okay to는 결국 [나로케이루]가 된다.

Step 1 정확한 발음을 듣고, 세 번 따라 말하세요.

097.mp3

not okay (r) **got out** (r) **not often** (r)
not on (r) **lot of** (r)

[나로케이]
It's not okay to yell. YOU 1-2
소리 지르는 게 괜찮은 건 아니지.

[가라우트]
If word got out, you'd be ruined. Justified 1-6
말이 새어 나가면 넌 끝장이야.

[나로픈]
Your instincts were not often wrong. Justified 1-9
너의 직감이 자주 틀리진 않았어.

[나론]
Time is not on our side. YOU 1-10
시간은 우리 편이 아니네.

[라러브]
Did you make a lot of cash out of that? Black Mirror 5-2
너 그 일로 돈을 많이 벌었어?

words

okay 괜찮은 yell 소리치다 word 말, 이야기, 소식, 소문 get out 새어 나가다, 알려지다
be ruined 파멸하다, 파산하다 instinct 직감, 본능 on one's side ~의 편인 make cash 돈을 벌다

Step **2** 미드 장면을 상상하며 듣고, 세 번 따라 말하세요. 

098.mp3

Joe	I'm sorry.
Paco	It's okay.
Joe	It's not okay to yell.
Paco	Grown-ups do it all the time. * grown-up 어른

조	미안하다.
파코	괜찮아요.
조	소리 지르는 게 괜찮은 건 아니야.
파코	어른들은 항상 그러잖아요.

YOU 1-2

Step **3** 문장을 듣고, 소리가 변하는 부분에 체크하세요.

099.mp3

1 We've all got our cross to bear. Justified 1-5
우리는 모두 짊어질 십자가가 있는 거야.

2 Why is this not on your Insta? YOU 1-5
왜 이건 인스타에 올리지 않았어?

3 I post a lot of selfies. YOU 1-9
난 평소에 셀카를 많이 올려.

4 It's not over yet. Justified 1-10
아직 끝나지 않았어.

5 It's a lot of work. Justified 1-11
그건 진짜 손이 많이 가는 일이야.

저자 특강 33

answers

cross 십자가 bear 견디다 post 올리다, 게시하다 selfie 셀카
be over 끝나다 not yet 아직 아닌

❶ got our ❷ not on ❸ lot of ❹ not over ❺ lot of

05 모음 e, o 사이의 d

[다이러브]
He died of asphyxia.

died of를 하나씩 놓고 보면 [다이드어브]라고 해야 한다. 하지만, 자음 d 뒤로 모음 o가 오면서 자연스럽게 [다이더브]로 연음이 되고, d 앞에 모음 i가 오면서 d가 [르] 소리로 바뀌어서 최종적으로는 [다이러브]로 읽게 된다.

Step 1

100.mp3

died ^{r}of **agreed ^{r}on** **need ^{r}of**

waited ^{r}out **landed ^{r}on**

[다이러브]
He died of asphyxia. CSI NY 1-2
그 사람은 질식사했어.

[어그리이론]
We agreed on 30%. Deadwood 1-1
우리는 30%에 합의를 봤습니다.

[니이러브]
There are people in genuine need of my attention. Deadwood 1-2
진짜로 내 관심을 필요로 하는 사람들이 있어.

[웨이리라웃]
I waited out there all morning for him. Deadwood 1-3
난 밖에서 아침 내내 그를 기다렸어.

[랜디론]
You seem to have landed on your feet. What If 1-2
잘 견뎌 내신 것 같은데요.

words

die of ~로 죽다 asphyxia 질식 agree on ~에 동의하다 genuine 진짜의, 진실한 attention 관심
land on one's feet 잘 착지하다, 어려움을 이겨내다

Step 2 미드 장면을 상상하며 듣고, 세 번 따라 말하세요. 

101.mp3

Lisa You're the one who told Anne about me.

Avery Got fired because of it. * get fired 해고당하다 because of ~때문에

Lisa You seem to have landed on your feet.

리사 당신이 앤에게 나에 대해서 말한 거군요.

애버리 그것 때문에 해고당했죠.

리사 그래도 잘 견뎌내신 것 같은데요.

What If 1-2

Step 3 문장을 듣고, 소리가 변하는 부분에 체크하세요.

102.mp3

1 Your father's gonna be convicted of fraud. Empire 1-9
네 아버지는 사기죄를 선고받을 거야.

2 If we want peace, we need order. The Society 1-3
우리가 평화를 원한다면 사회적 질서가 필요해.

3 Can we at least knock once in case she's naked or something?
적어도 한 번은 노크를 할까요?그녀가 옷을 벗고 있거나 뭐 그런 경우를 대비해서요. Killing Eve 1-8

4 You need ointment. 13 Reasons Why 1-1
너 연고 발라야겠다.

5 From my limited observation, she has terrible taste in guys.
많지는 않지만 그동안 본 것에 의하면 걔는 남자 취향이 안 좋아. 13 Reasons Why 1-1

저자 특강 34

answers

be convicted of ~로 유죄 판결을 받다 fraud 사기(죄) order 사회적 질서 at least 적어도
in case ~일 경우에 대비해서 ointment 연고 limited observation 제한된 관찰 taste 취향, 기호

❶ convicted of ❷ need order ❸ naked or ❹ need ointment ❺ limited observation

06 모음 a, o 사이의 d

[대론]
Put dad on the phone.

d도 t처럼 모음 사이에서 [드]가 아닌 [르] 소리로 바뀐다. 그래서 dad on은 하나씩 읽으면 [대드온]이지만 연음이 되면 [대론]이 된다.

Step 1

103.mp3

dad^r on **ahead^r of** **bad^r one**

instead^r of **had^r opportunity**

[대론]
Put dad on the phone. 13 Reasons Why 1-1
아빠 바꿔 봐.

[어헤러브]
I'm ahead of you. 13 Reasons Why 1-1
내가 지금 네 앞에 있잖아.

[배뤈]
The idea is a bad one. Boston Legal 1-1
그 아이디어는 안 좋아.

[인스테러브]
We could start a new future now, instead of waiting.
우리는 기다리지 않고 지금 바로 새로운 미래를 시작할 수 있어. Orange is the New Black 1-8

[해라퍼튜너티]
He had opportunity. Pretty Little Lies 1-11
걔한테 기회가 있었어.

words

put ~ on the phone 전화상에서 ~를 바꾸다 ahead of ~를 앞선 instead of ~대신에
opportunity 기회

Step 2 미드 장면을 상상하며 듣고, 세 번 따라 말하세요. □ □ □

104.mp3

Hannah	Hey, Joanne.
Joanne	Hazel. Hey.
Hannah	Are you following me? * follow ~을 미행하다
Joanne	Um, I'm ahead of you.
Hannah	Fair point. * fair point 타당한 의견

13 Reasons Why 1-2

해나	안녕, 조앤.
조앤	헤이즐. 안녕.
해나	너 나 미행하는 거야?
조앤	저기, 나 네 앞에서 가고 있잖아.
해나	맞는 말이네.

Step 3 문장을 듣고, 소리가 변하는 부분에 체크하세요.

105.mp3

1 Is dad okay? Pretty Little Lies 1-22
아빠는 별일 없으세요?

2 Grabbing a bite before I head off to campus. Pretty Little Lies 2-11
나 학교 가기 전에 간단히 뭘 좀 먹고 있어.

3 Instead of listening, I jumped down her throat. Pretty Little Lies 2-22
말을 듣지 않고 나는 그녀가 아무 소리 못하게 갑자기 화를 냈어.

4 We've had our ups and downs. Pretty Little Lies 3-3
그간 우리에게 기복이 좀 있었어.

5 Did you say you were grad or undergrad? Pretty Little Lies 3-11
대학원생? 아니면 대학생이라고 했던가요?

저자 특강 35

answers

grab a bite 간단히 먹다 head off to ~을 향해서 출발하다 jump down one's throat ~에게 갑자기 화를 내다 have ups and downs 기복이 있다 grad 대학원생 undergrad 대학생

❶ dad okay ❷ head off ❸ Instead of ❹ had our ❺ grad or

07 모음 a 사이의 d

[해러]

They had a falling out two years ago.

had a는 [해더]라고 발음해도 괜찮다. 다만 미국에서는 [해러]라고 발음하는 사람이 더 많다. [해러]를 듣고 had a를 말하는 것을 바로 알아차리기는 쉽지 않다. 말할 수 있어야 들을 수 있다는 점을 잊지 말고, 큰 소리로 읽는 연습을 확실히 하자.

Step

106.mp3

ad ʳagency **bad ʳabout** **mad ʳas**

had ʳa **had ʳabsolutely**

[에레이전씨]
He's from the **ad a**gency? Easy 2-2
그 사람 광고 대행사에서 온 거야?

[배러바우트]
I feel so b**ad a**bout leaving her. Easy 2-8
그녀를 떠난다는 게 마음이 정말 불편해.

[매래즈]
I'm as m**ad a**s hell. Designated Survivor 1-1
나 정말 돌아버리겠어.

[해러]
They h**ad a** falling out two years ago. Designated Survivor 1-3
그들은 2년 전에 사이가 틀어졌어.

[해랩썰루틀리]
The attack h**ad a**bsolutely nothing to do with them. Designated Survivor 1-6
그 공격은 그들과는 전혀 관계가 없었습니다.

words

ad agency 광고 대행사 feel bad about ~이 마음 불편하다 as hell 엄청나게 falling out 사이가 틀어지는 것

Step 2 미드 장면을 상상하며 듣고, 세 번 따라 말하세요. □ □ □

107.mp3

Seth After the funeral, I ran into a couple of former staffers who were closer with the former President. They told me that Tyler and his father had a falling out two years ago. They hadn't spoken to each other since, not a word.

* funeral 장례식 run into ~을 우연히 만나다 staffer (정당 · 기관의) 직원 since 그 이후로

세쓰 장례식이 끝난 후에 우연히 전 대통령님과 가까웠던 전 직원들을 두세 명 만났습니다. 그들 말로는 타일러와 그의 아버지가 2년 전에 사이가 틀어졌답니다. 그때 이후로 서로 전혀 대화를 하지 않았다고 합니다. 한 마디도요.

Designated Survivor 1-3

Step 3 문장을 듣고, 소리가 변하는 부분에 체크하세요.

108.mp3

1 They had a very productive meeting. Designated Survivor 1-7
그들은 매우 생산적인 회의를 했다.

2 I don't even talk to my dad anymore. Glow 1-9
나는 심지어 우리 아빠랑 대화도 안 해.

3 He had an affair with you. Designated Survivor 1-9
그 사람이 너하고 바람난 거였잖아.

4 They sent me a text alert that it had arrived. Easy 2-1
그들이 그 물건이 도착했다고 나한테 문자 알림을 보냈어.

5 I had a difficult time explaining this. Designated Survivor 1-15
나는 이걸 설명하느라 힘들었다.

저자 특강 36

answers

affair 불륜 text alert 문자 알림, 경고 have a difficult time ~ing ~하는 데 힘든 시간을 보내다

❶ had a ❷ dad anymore ❸ had an ❹ had arrived ❺ had a

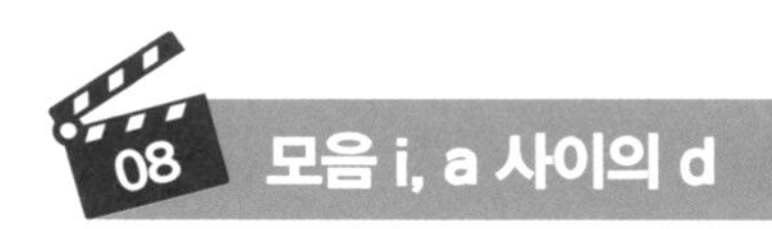

08 모음 i, a 사이의 d

[디러]
You did a fantastic job.

"잘 했어!"라는 표현 You did a good job!을 들어본 적이 있다면 did a[디러] 역시 낯설지 않을 것이다. good 대신 다른 단어로 바꿔서도 자주 쓰는 표현이니 이 참에 통째로 알아두자.

109.mp3

did^r a　　**did^r all**　　**avoid^r a**　　**paid^r a**

[디러]
You did a fantastic job. Jane the Virgin 1-7
정말 아주 잘했어, 아주.

[디롤]
I can't believe you did all this for me. What if 1-3
네가 이 모든 걸 날 위해서 했다는 게 믿어지지 않아.

[디러]
I did a little research on it. Madam Secretary 1-21
내가 그걸 좀 연구했지.

[어보이러]
It might even help avoid a nuclear war. Madam Secretary 1-21
그게 핵전쟁을 피하는 데도 도움이 될 거야.

[페이러]
You paid a price. 13 Reasons Why 1-6
네가 대가를 치른 거야.

words

fantastic 아주 멋진　article 글, 기사　research 연구, 조사　do a little research 연구를 좀 하다
avoid ~을 피하다　nuclear war 핵전쟁　pay a price 어떤 일에 대한 대가를 치르다

Step
2 미드 장면을 상상하며 듣고, 세 번 따라 말하세요.

□ □ □

110.mp3

Rogelio You can't protect her from everything, Xiomara. You did a fantastic job raising a daughter who was gifted with extraordinary DNA.

* protect ~을 보호하다 raise ~을 기르다 be gifted with ~을 갖고 태어난 extraordinary 특별한

로헬리오 당신이 저 아이를 모든 것으로부터 보호할 수는 없어요, 자이오마라. 당신은 특별한 DNA를 갖고 태어난 딸을 정말 잘 길렀어요.

Jane the Virgin 1-7

Step
3 문장을 듣고, 소리가 변하는 부분에 체크하세요.

111.mp3

1 Following your article, we did a lot of training. Madam Secretary 1-2
당신이 쓴 기사에 따라 우린 많은 훈련을 했어요.

2 You haven't said a word about that. What if 1-3
당신은 그것에 대해서는 한 마디도 하지 않았어.

3 The check was cashed using her ID and bank account. What if 1-4
그 수표는 그녀의 ID와 은행계좌를 이용해서 현금화되었습니다.

4 You never did a single thing to deserve it. What if 1-10
너는 그런 대접을 받을 만한 일을 한 적이 단 한 번도 없어.

5 I never did anything like this before. True Detective 3-6
나는 이런 일을 해본 적이 없어.

저자 특강 37

answers

check 수표 cash ~을 현금화하다 ID 신분증 deserve ~을 받을 만하다

❶ did^r a ❷ said^r a ❸ ID^r and ❹ did^r a ❺ did^r anything

발음 자신감
UP! UP!

바람과 함께 사라지다
탈락되는 소리

영어에는 소리가 완전히 사라지는 '탈락'이 있다.
충돌로 인해서 소리가 멈추거나 약해지는 것과는 다르게 탈락은 소리가 아예 나지 않는다.
주로 h, th, t의 소리가 탈락되는데 이 단어의 소리가 없어야 발음하기 편하기 때문에
이런 현상이 발생한다.

01 자음 뒤에서 탈락되는 h

[니리즈]
We need his help.

자음 뒤에 오는 h는 보통 발음이 생략된다. 특히 him, her, here 등이 이런 현상을 보인다. 이렇게 h가 탈락되면서 그 앞뒤에 있던 글자끼리 연음이 일어난다. 간혹 앞 단어의 끝 자음이 t나 d일 경우 h가 탈락되고 [ㄹ] 소리가 되기도 한다.

Step 1

112.mp3

need ~~h~~is **ask ~~h~~im** **on ~~h~~im**

of ~~h~~er **came ~~h~~ere**

[니리즈]
We need his help. The Bletchley Circle 1-2
우리는 그의 도움이 필요해.

[애스킴]
Call Frank and ask him for a drink tonight. Killing Eve 1-2
프랭크에게 전화해서 오늘 밤 한잔할 건지 물어봐.

[오님]
I should go check on him. Under the Dome 1-1
가서 그가 어떤지 좀 살펴 봐야겠어.

[어버r]
It was the biggest mistake of her life. Jane the Virgin 1-1
그건 그녀의 일생일대 최대의 실수였어.

[케이미어r]
I came here to congratulate you on your engagement. Jane the Virgin 1-1
난 당신 약혼을 축하하러 여기 온 거야.

words

ask ~ for a drink ~에게 한잔하자고 제안하다 check on ~의 상태를 확인하다
congratulate A on B A의 B를 축하하다 engagement 약혼

Step
2 미드 장면을 상상하며 듣고, 세 번 따라 말하세요. □ □ □

113.mp3

Kenny It would take me months.

Eve That's fine. Elena, call Frank and as**k h**im for a drink tonight.

I want to know what happened with that CCTV.

* throw stones 비난하다

케니 그러려면 몇 달은 걸릴 텐데요.

이브 상관없어. 엘레나, 프랭크에게 전화해서 오늘 밤에 술 한잔할 수 있는지 물어봐요. 그 CCTV가 어떻게 된 건지 알고 싶어요.

Killing Eve 1-2

Step
3 문장을 듣고, 소리가 탈락되는 부분에 체크하세요.

114.mp3

1 I'll just give him a call. Killing Eve 1-4
나 그 사람한테 전화 한번 해 봐야겠어.

2 I work with him at work. Good Girls 1-1
나 회사에서 그와 함께 일해.

3 I'm out of here. Good Girls 1-1
난 그만 가야겠어.

4 I've exchanged barely 50 words with her since I got here. The Handmaid's Tale 1-1
난 여기 온 이후로 그녀와 겨우 50단어 정도 대화를 나눴어.

5 There are no friends here. The Handmaid's Tale 1-1
여기에는 친구가 하나도 없어요.

저자 특강 38

answers

give a call 전화하다 be out of here 가다, 다녀오다 exchange ~을 교환하다 barely 겨우

❶ give ~~h~~im ❷ with ~~h~~im ❸ of ~~h~~ere ❹ with ~~h~~er, got ~~h~~ere ❺ friends ~~h~~ere

02 is 뒤에서 탈락되는 th

[이잿ㅌ]
Why is that?

is 뒤로 that이나 this, there 등이 나오면 [ð] 발음이 탈락되고 is의 [즈] 소리가 이어지는 모음에 바로 붙는다. 이런 경우 정확하게 th를 발음하는 건 네이티브에게도 어렵기 때문에 th가 탈락된다.

115.mp3

is that　　**is this**　　**is there**

[이잿ㅌ]
Why **is th**at? Atypical 1-3
그건 왜?

[이잿ㅌ]
Is that what you're thinking? Easy 2-8
그게 지금 네가 생각하고 있는 거야?

[이지ㅅ]
How **is th**is supposed to help me? Glow 1-1
이게 어떻게 나한테 도움이 된다는 거지?

[이재어r]
Is there something wrong with your brain? Atypical 1-1
너 뇌가 어디 잘못된 거 아냐?

[이재어r]
Is there anything I can do? Atypical 1-8
내가 할 수 있는 게 뭔가 있을까?

words

be supposed to ~하기로 되어 있다　something wrong with ~이 뭔가 잘못된 것

Step **2** 미드 장면을 상상하며 듣고, 세 번 따라 말하세요. 

116.mp3

Sam I need new clothes.

Julia Okay. How come? * How come? 그건 왜? (뜻밖이거나 놀라울 때)

Sam Girls seem to like it when boys wear more than one type of shirt. Why **is th**at?

샘 저 새 옷이 필요해요.

줄리아 그래. 그런데 왜?

샘 여자애들은 남자애들이 한 가지 이상의 셔츠를 입고 다니는 걸 좋아하나 봐요. 왜 그럴까요?

Atypical 1-3

Step **3** 문장을 듣고, 소리가 탈락되는 부분에 체크하세요.

117.mp3

1 Is that guaranteed? Atypical 1-6
그게 확실하게 보장된 거예요?

2 Is this something you really want? Atypical 1-3
이게 정말 네가 원하는 거야?

3 Is this real? Glow 1-1
이게 지금 사실인 거야?

4 Is that an apology? Glow 1-3
그게 지금 사과한 거예요?

5 Is there another way out of here? The Gifted 1-8
여기에서 빠져나가는 다른 방법 있어요?

저자 특강 39

answers

guaranteed 보장된 real 진짜의, 사실의 apology 사과 another way 다른 방법

❶ that ❷ this ❸ this ❹ that ❺ there

03 n 뒤에서 탈락되는 th

You're pushing on that?

[오냇트]

n 뒤에 that이나 there, the 등이 오면 th 발음이 탈락될 수 있다. 단, 정확히 발음되지 않아도 의미가 전달되는 경우에만 th 발음을 생략하니 무턱대고 생략하면 안 된다. 또한 사람에 따라 th발음을 정확히 하는 경우도 많다.

118.mp3

on that	**in the**	**in that**
person there	**on there**	

[오냇트]
You're pushing on that? Homecoming 1-1
그거 지금 계속 진행하고 있는 거야?

[이너]
I must have dropped it in the subway. YOU 1-1
내가 그걸 지하철에 떨어뜨렸던 게 분명해.

[이냇트]
What's the harm in that? YOU 1-1
그렇게 한다고 해가 될 거 있나?

[퍼즈네어]
You are my point person there, right? Homecoming 1-1
당신이 거기에서 나를 대변하는 사람이야, 알겠어?

[오네어]
She wrote her number on there? YOU 1-1
저 여자가 거기에 전화번호 적어줬어?

words

push on ~을 계속 진행하다 must have p.p. ~했음에 틀림없다 harm 손해, 피해 point person 대변자, 옹호자

Step 2 미드 장면을 상상하며 듣고, 세 번 따라 말하세요. □ □ □

119.mp3

Colin How soon do you think you might have that for me?

Heidi Have what?

Colin The data, Heidi. You're pushing on that, right?

Heidi Oh. Absolutely, yeah. * absolutely 당연히, 분명히

콜린 언제 그거 다 준비해서 나한테 줄 수 있을까?

하이디 뭘 준비해요?

콜린 데이터 말이야, 하이디. 지금 준비하고 있는 거 맞지?

하이디 아. 당연하죠, 그럼요.

Homecoming 1-1

Step 3 문장을 듣고, 소리가 탈락되는 부분에 체크하세요.

120.mp3

1 Is everything cool in there? YOU 1-1
그 안에 별 문제 없는 거니?

2 I didn't mean that in a bad way. Dead To Me 1-1
나 그거 나쁜 의도로 한 말 아니야.

3 You're seriously the most incredible woman in the world. Fam 1-1
당신은 정말 이 세상에서 가장 놀라울 정도로 훌륭한 여성이야.

4 Throw it in the trash. Fam 1-1
그거 쓰레기통에 버려.

5 There's a lot of valuable stuff in there. Dead To Me 1-2
거기에 비싼 물건들이 많아.

저자 특강 40

answers

cool 좋은 mean ~을 의도하다 in a bad way 나쁜 의미로 incredible 믿을 수 없는
trash 쓰레기, 쓰레기통 valuable 값비싼, 가치 있는

❶ there ❷ that ❸ the ❹ the ❺ there

04 n 뒤에서 탈락되는 t

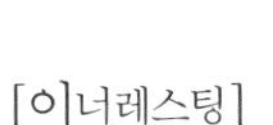

That was interesting.

한 단어에 있는 nt나 nt로 끝나는 단어 뒤에 모음으로 시작하는 단어가 올 때는 t가 습관적으로 탈락된다. 특히 interesting처럼 한 단어 안에서 nt 바로 앞에 강세가 있거나 nt 바로 뒤에 강세가 붙지 않을 때 이런 현상이 생긴다. 반면 until처럼 nt 바로 뒤에 강세가 온다면 절대로 t가 생략되지 않는다.

Step 1 정확한 발음을 듣고, 세 번 따라 말하세요.

121.mp3

interesting **identification** **Internet**
complaint about **point of**

[이너레스팅]
That was interesting. Homecoming 1-1
그건 흥미로웠어.

[아이데니피케이션]
Do you have some kind of identification? Homecoming 1-1
뭐든 신분증명서라고 할 만한 게 있습니까?

[이너네트]
There's nothing about that on the Internet. Homecoming 1-2
그것에 대해서 인터넷에 전혀 나오질 않아.

[컴플레이너바우트]
We received a complaint about that program. Homecoming 1-1
저희에게 그 프로그램에 대한 고소장이 한 건 접수되었어요.

[포이너브]
The whole point of this program is to help us. Homecoming 1-3
이 프로그램의 가장 중요한 점은 바로 우리를 돕는 거야.

words

identification 신분 증명(서) receive ~을 받다 complaint 불평, 고소 whole point 가장 중요한 점

Step 2 미드 장면을 상상하며 듣고, 세 번 따라 말하세요. □ □ □

122.mp3

Thomas How many years ago did you work at *Homecoming*?

Heidi I don't know, maybe four? What is this about?

Thomas We received a complaint about that program.

토마스 〈홈커밍〉에서 몇 년 전에 일하셨어요?

하이디 모르겠어요. 아마 4년이요?
이게 무슨 일인가요?

토마스 그 프로그램에 관한 고소장이 접수되었어요.

Homecoming 1-1

Step 3 문장을 듣고, 소리가 탈락되는 부분에 체크하세요.

123.mp3

1 I was counting on you. Killing Eve 1-1
난 널 믿고 있었지.

2 I interviewed the witness. Killing Eve 1-1
내가 목격자를 면담했어.

3 Don't interrupt me. Killing Eve 1-1
날 방해하지 마.

4 That interested me. Killing Eve 1-2
난 그게 관심이 갔어.

5 Let's get her identified. Killing Eve 1-3
우리가 그녀의 신원을 밝히자.

저자 특강 41

answers

count on ~를 믿다 witness 목격자 interrupt ~를 방해하다
interest ~의 관심을 끌다 identify ~의 신원을 확인하다

❶ counting ❷ interviewed ❸ interrupt ❹ interested ❺ identified

05 t 탈락_want to → wanna

[워너] I want to(wanna) say this.

want처럼 n 뒤로 t가 오면 [트] 소리가 탈락된다. 또한 이어 나오는 to의 [트] 소리 역시 탈락된다. 그러면 to에서는 o만 남게 되는데 이것이 [우] 가 아니라 [어], 또는 [아] 등의 약한 소리로 변한다. 결국 앞에 남은 wan과 연결되어 [워너]로 굳어졌는데, 이 소리를 그대로 표기하여 wanna가 등장하게 되었다.

Step 1 정확한 발음을 듣고, 세 번 따라 말하세요.

124.mp3

want to → wanna

[워너]
I want to(wanna) say this. The Good Place 1-1
이 말씀을 드리고 싶어요.

[워너]
You want to(wanna) prove you're not selfish? The Good Place 1-1
당신이 이기적이 아니라는 걸 증명하고 싶은 거예요?

[워너]
You want to(wanna) try a bite? The Good Place 1-1
한 입 먹어 볼래?

[워너]
I want to(wanna) know the truth. The Society 1-2
나는 진실을 알고 싶어.

[워너]
I don't want to(wanna) be alone. The Society 1-6
나는 혼자가 되고 싶지 않아.

words

prove ~을 증명하다 selfish 이기적인 try a bite 한 입 먹어 보다 truth 진실 alone 혼자인 상태인

Step 2 미드 장면을 상상하며 듣고, 세 번 따라 말하세요. □ □ □

125.mp3

Chidi I **want to(wanna)** say this.

Eleanor Okay.

Chidi Eleanor. I have spent my entire life in pursuit of fundamental truths about the universe.

* entire life 평생 in pursuit of ~을 쫓으며 fundamental 본질적인 truth 진리

The Good Place 1-1

치디 이 말을 하고 싶어요.

엘리노어 그래요.

치디 엘리노어. 저는 평생을 우주의 본질적인 진리를 쫓으며 살았어요.

Step 3 문장을 듣고, 소리가 탈락되는 부분에 체크하세요.

126.mp3

1 I don't want to hear your excuses. Desperate Housewives 1-1
네 변명 듣고 싶지 않아.

2 Do you want to have dinner with me? Desperate Housewives 1-2
나하고 저녁 먹을래?

3 I want to throw a dinner party. Desperate Housewives 1-3
나는 저녁 파티를 열고 싶어.

4 I don't want to live like that. Desperate Housewives 1-3
나는 그런 식으로는 살고 싶지 않아.

5 I don't want to talk about it. Desperate Housewives 1-5
나는 그 얘기는 하고 싶지 않아.

저자 특강 42

answers

excuse 변명 have dinner 저녁을 먹다 throw a party 파티를 열다

❶ ~ ❺ want to → wanna

저 친구
말이 기네!

짧게, 더 짧게!
줄어드는 발음, 축약

사람들은 긴 단어를 짧게 줄여서 말하고 싶어 합니다.
이런 현상은 어느 언어권이나 마찬가지죠.
I am[아이엠]이 I'm[아임]이 되는 것처럼 축약된 표현은 발음에도 영향을 미칩니다.

01 be동사 축약 1

[아임]
I'm pretty sure.

I am은 대화에서 보통 I'm으로 축약해서 말한다. be동사가 주어와 형용사를 연결하는 것 이상의 의미가 없기 때문이다. 단, 주어의 상태를 강조할 때는 축약하지 않고 강하게 발음한다. 또한, 공식적인 글을 쓸 때는 절대 축약형을 사용하지 않는다.

Step

127.mp3

I'm　　**you're**　　**she's**　　**we're**

[아임]
I'm pretty sure. Truth To Be Told 1-1
저는 아주 확신합니다.

[아임]
I'm doing my eyeliner. The Morning Show 1-1
나 지금 아이라인 그리고 있어.

[아임]　[유아]
I'm mad at you because you're selfish. The Morning Show 1-1
난 당신이 이기적이라서 당신한테 화가 난 거야.

[쉬즈]
she's a class act. The Morning Show 1-1
그녀가 이 방면에는 최고잖아요.

[위아]
We're reworking the whole show. The Morning Show 1-1
우리는 지금 전체 프로그램을 다시 작업하고 있어.

words

pretty 제법, 꽤　class act 최고의 인물　rework 재작업하다

Step 2 미드 장면을 상상하며 듣고, 세 번 따라 말하세요. □ □ □

128.mp3

Policeman Lanie, on Halloween night, the night of the murder, did you see the person before they jumped the fence?

Lanie I think so.

Policeman You think so?

Lanie I'm pretty sure.

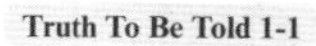

경찰 래니, 할로윈날 밤, 살인이 일어나던 그날 밤에, 그들이 담을 뛰어넘기 전에 당신이 그 사람을 본 건가요?

래니 그런 거 같아요.

경찰 그런 거 같다고요?

래니 확실해요.

Step 3 음원을 듣고, 빈 칸을 채워 보세요.

129.mp3

1 __________ not on vacation. Virgin River 1-1

2 __________ three days late. Virgin River 1-1

3 __________ too stubborn to admit it. Virgin River 1-1

4 __________ coming tomorrow. Virgin River 1-1

5 __________ not done talking about this. Virgin River 1-1

저자 특강 43

answers

stubborn 고지식한,완고한 admit ~을 받아들이다,인정하다 be done 끝나다

❶ I'm 저는 여기 휴가를 온 게 아닙니다. ❷ I'm 제가 3일 늦었어요. ❸ You're 당신이 너무 완고해서 받아들이지 못하는 거지. ❹ They're 걔들은 내일 올 거야. ❺ We're 우리 이 얘기는 끝난 게 아니야.

02 be동사 축약 2

[잇츠]

It's not to be touched.

it is는 it's로, that is는 that's로 축약해서 말한다. 만약 주어의 상태를 강조해서 말하고 싶으면 축약 없이 it is/that is라고 또박또박 발음하면 된다. 단, this is는 this's로 축약하지 않는다. 축약한 소리가 더 발음하기 어렵기 때문이다.

130.mp3

it's　　　**that's**

[잇츠]
It's not to be touched. Servant 1-1
저건 손대지 말아요.

[잇츠]
It's gonna be so much fun. Servant 1-1
그건 굉장히 재미있을 거예요.

[잇츠]
It's about an hour's drive from here. Servant 1-3
여기에서 차로 한 시간 정도 걸려.

[댓츠]
That's none of your concern. The Blacklist 7-3
그건 당신이 걱정할 일이 아니야.

[댓츠]
That's how they used to do it. Truth To Be Told 1-6
예전에는 다들 그렇게 했어.

words

시간's drive ~만큼 운전해야 하는 거리　concern 우려, 걱정　used to 전에는 ~하고는 했다

Step **2** 미드 장면을 상상하며 듣고, 세 번 따라 말하세요. □ □ □

131.mp3

Sean I don't know if my wife mentioned in her e-mails, but it's not to be touched. It's vintage. Temperamental.

Dorothy Only Sean can get a coffee out of that contraption.

* vintage 고전적인, 전통 있는
temperamental (기계) 말썽이 잦은
contraption 기묘한 기계나 장치

션 제 아내가 이메일에 언급했는지 모르겠는데 저건 건드리지 말아요. 아주 오래된 전통 있는 물건이거든요. 아주 예민해요.

도로시 오직 션만 저 기계에서 커피를 뽑을 수 있답니다.

Servant 1-1

Step **3** 음원을 듣고, 빈 칸을 채워 보세요.

132.mp3

1 ________ a miracle you're in one piece. Bodyguard 1-1

2 ________________ too dowdy. What If 1-9

3 ________ pretty hectic round here. Bodyguard 1-2

4 ________ a heinous crime. Bodyguard 1-3

5 ________________ definitely not true. Sex Education 1-1

저자 특강 44

answers

in one piece 다친 데 없이 몸이 성한 dowdy (옷이) 볼품없는 hectic 정신없이 바쁜 round 주위에
heinous 극악무도한 definitely 분명히

❶ It's 네가 다친 데가 없다는 게 기적이야. ❷ That's 그 옷은 너무 볼품이 없네. ❸ It's 여긴 정말 정신없이 바쁘네. ❹ It's 그건 정말 극악무도한 범죄야. ❺ That's 그건 분명히 사실이 아니야.

03 be동사 축약 3

Where's this coming from?

일반적으로 Where is는 Where's[웨어즈]로, How is는 How's[하우즈]로, When is는 When's[웬즈]로, Why is는 Why's[와이즈]로 축약해서 말한다. 이때 모든 [즈] 발음은 약하게 난다.

Step 1 정확한 발음을 듣고, 세 번 따라 말하세요.

133.mp3

where's **how's** **when's** **why's**

[웨어즈]
Where's this coming from? Designated Survivor 1-3
이게 어디에서 나온 말이야?

'이것/이 상황/이 말의 이유가 뭐야?' 정도로 해석한다.

[웨어즈]
Where's the decency? The Alienist 1-1
예의는 다 어디에 둔 거야?

[하우즈]
How's life in the big city? You 1-4
대도시에서의 삶은 어때?

[웬즈]
When's the big guy home from work? Good Girls 1-4
그 덩치 큰 남자는 퇴근해서 언제 집에 와 있나요?

[와이즈]
Why's everybody so quiet? The I-Land 1-1
왜 다들 이렇게 조용해?

words

come from ~에서 나오다 decency 예의범절

Step **2** 미드 장면을 상상하며 듣고, 세 번 따라 말하세요. □ □ □

134.mp3

Tom I got to make this quick. About dinner tonight.
How about the four of us, family dinner, 6:30?

Alex Yeah. But where's this coming from?

Tom I need to have a reason to want to have dinner with my family?

톰 빨리 얘기하고 끊을게. 오늘 밤 저녁식사 말이야.
우리 넷이 어때? 가족 저녁 식사로 6시 30분에.

알렉스 그래. 그런데 무슨 일로?

톰 내가 우리 식구들과 저녁 먹고 싶은 것에 이유가 필요해?

Designated Survivor 1-3

Step **3** 음원을 듣고, 빈 칸을 채워 보세요.

135.mp3

1 ______________ it going with dating? Atypical 1-4

2 ______________ he taking you? Younger 1-2

3 ______________ that? Billions 2-5

4 ______________ the ship headed? Daredevil 1-7

5 ______________ the last time you saw Tyrone? True Detective 1-4

저자 특강 45

answers

head ~로 향하다

❶ How's 데이트는 잘 되는 중이야? ❷ Where's 그가 너를 어디로 데려가는 거야? ❸ Why's 그건 왜?
❹ Where's 지금 배가 어디로 향하는 거야? ❺ When's 네가 타이론을 마지막으로 본 게 언제니?

04 be동사 축약 4

[왓쓰]
What's going on?

What is는 What's[왓쓰]로, Who is는 Who's[후즈]로 축약된다. 여기서도 역시 [쓰]와 [즈]는 약하게 발음된다.

136.mp3

what's **who's**

[왓쓰]
What's going on? The Morning Show 1-1
무슨 일인데?

[왓쓰]
What's the rush? Virgin River 1-2
왜 이렇게 서둘러?

[왓쓰]
What's your plan B? Virgin River 1-5
대안이 뭔데?

[후즈]
Who's the money going to? Truth To Be Told 1-5
그 돈은 누구한테 가는 거야?

[후즈]
They'll decide who's responsible. Homecoming 1-9
누구 책임인지는 그들이 결정할 겁니다.

words

rush 서두름 plan B 차선책, 대안

Step 2 미드 장면을 상상하며 듣고, 세 번 따라 말하세요. □ □ □

137.mp3

Mom	You sound like you don't want to talk.
Bradley	Hold on, Mom. I'm doing my job at a protest right now.
Mom	What's going on? A protest? * protest 시위 Is everything safe?

엄마	네 목소리가 대화하고 싶지 않은 것 같구나.
브래들리	잠깐, 엄마. 저 지금 시위 현장에서 일하고 있어요.
엄마	무슨 일이야? 시위? 별 일 없는 거야?

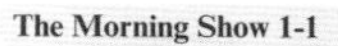
The Morning Show 1-1

© apple tv+

Step 3 음원을 듣고, 빈 칸을 채워 보세요.

138.mp3

1 ________ the difference? Ally McBeal 1-2

2 She won't say ________ involved. Big little lies 1-5

3 ________ your point? The Big Bang Theory 1-1

4 ________ wrong with your face? Arrow 1-4

5 I'm the one ________ sorry. Code Black 1-10

저자 특강 46

answers

difference 차이, 다름　be involved 연루되다　point 핵심, 중요한 점

❶ What's 무슨 차이가 있는 건데? ❷ who's 그녀는 누가 연루되어 있는지 절대 말하지 않을 거야.
❸ What's 네가 하고 싶은 말이 뭔데? ❹ What's 너 얼굴이 왜 그래? ❺ who's 미안한 건 나야.

05 have 축약

[아이v]
I've done my homework.

have+p.p.가 들어가는 표현은 모르고 들으면 have를 놓치기 쉽다. have는 보통 ha-를 분명하게 발음하지 않아서 [v]만 남기 때문이다. I've는 [아이브], You've는 [유브]라고 발음하니 들을 때도 숨어있는 ha-를 꼭 떠올리자.

Step 1 정확한 발음을 듣고, 세 번 따라 말하세요. ☑ ☐ ☐

139.mp3

I've　　**you've**

[아이v]
I've done my homework. What If 1-1
내가 이미 다 확인해 봤어.

[아이v]
I've been thinking. The Society 1-3
나 그동안 계속 생각해 봤어.

[아이v]
I've had some time on my hands. The Society 1-8
내가 그동안 시간이 좀 많았거든.

[유v]
I think **you've** made a mistake. Servant 1-5
내 생각엔 네가 실수한 것 같아.

[유v]
You've got something on your shirt. The Society 1-3
네 셔츠에 뭐 묻었어.

words

do one's homework 미리 조사 / 확인해 보다　have time on one's hands 시간이 많다, 할 일이 없다
make a mistake 실수하다

Step 2 미드 장면을 상상하며 듣고, 세 번 따라 말하세요. □ □ □

140.mp3

Montgomery	You must be Lisa.
Lisa	Yes. Thank you for the meeting, Miss Montgomery. I'll get right to it. * get right to it 바로 본론에 들어가다
Montgomery	No. No need for that. **I've** done my homework.

몽고메리	리사 씨 맞으시죠?
리사	네. 미팅 감사합니다, 몽고메리 씨. 바로 본론을 말씀 드리겠습니다.
몽고메리	아니요. 그럴 필요 없어요. 내가 이미 확인했어요.

What If 1-1

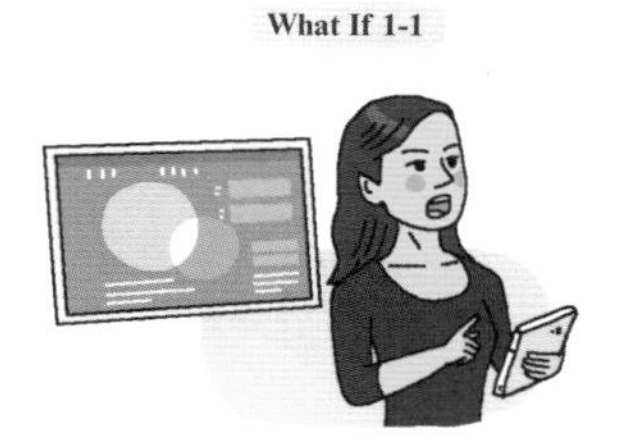

Step 3 음원을 듣고, 빈 칸을 채워 보세요.

141.mp3

1 I think ____________ heard of him. The Good Wife 1-5

2 ____________ got to help me. Truth To Be Told 1-8

3 ____________ thought of this for a while. True Detective 3-2

4 ____________ crossed a line. Truth To Be Told 1-3

5 ____________ worked two months on this case. The Good Wife 1-11

저자 특강 47

answers

for a while 한동안   cross a line 선을 넘다   case 사건

❶ I've 그 사람에 대한 얘기를 들은 것 같아요. ❷ You've 네가 나를 도와줘야 돼.
❸ I've 내가 이거에 대해 생각을 좀 해 봤어. ❹ You've 너는 선을 넘었어. ❺ I've 내가 이 사건을 2개월 간 진행했어.

06 has 축약

[히즈]

He's worked for three years.

have는 주어가 he, she, it, that, this 등일 때 has로 바뀐다. he's는 [히즈], she's는 [쉬즈], It's는 [잇츠]라고 읽는데 [즈]와 [츠]는 약하게 발음한다. is가 축약됐을 때와 발음이 같아서 전체 문맥이나 뒤에 동사의 p.p.형이 오는지를 보고 구분해야 한다.

142.mp3

he's　　she's　　it's

[히즈]
He's worked for three years. Bodyguard 1-4
그는 일한 지 3년이 됐어.

[히즈]
You really think he's changed? Virgin River 1-1
넌 정말 걔가 변했다고 생각해?

[쉬즈]
She's raised a very impressive young man. What If 1-7
그녀는 아들을 훌륭하게 키웠네.

[잇츠]
It's been a long and tiring day. Bodyguard 1-1
길고 피곤한 하루였어.

[잇츠]
It's come from nowhere. Bodyguard 1-1
그게 어디선가 갑자기 나타났어.

words

raise ~을 기르다　impressive 인상적인, 훌륭한　tiring 피곤하게 하는　from nowhere 어디선가 갑자기

Step **2** 미드 장면을 상상하며 듣고, 세 번 따라 말하세요.  □ □ □

143.mp3

Tyler	My mom runs the kitchen over at Hickory Flats.
Montgomery	Perfect. Have her whip up some of her favorites for us. Tell your mom I think she's raised a very impressive young man.

* run the kitchen 주방을 운영하다 whip up 음식을 빠르게 만들어내다 favorite 제일 좋아하는 것, 제일 잘하는 것

타일러	저희 어머니는 힉토리 플랫츠에서 식당 주방을 운영하세요.
몽고메리	잘됐네. 어머니가 자신 있는 음식을 우리가 먹을 수 있게 서둘러서 만들어 달라고 하세요. 아들을 정말 멋지게 잘 키우셨다고 어머니께 말씀드리세요.

What If 1-7

Step **3** 음원을 듣고, 빈 칸을 채워 보세요.

144.mp3

1 ______________ been such a difficult time for Peter. The Good Wife 2-1

2 ______________ gone for the day. The Good Wife 2-2

3 ______________ been found not guilty. The Good Wife 2-2

4 ______________ done it for me before. The Good Wife 2-1

5 ______________ made her very tired. House Husbands 1-1

저자 특강 48

answers

has gone for the day 퇴근하다 find guilty 유죄 판결하다

❶ It's 피터에게는 정말 힘든 시간이었어. ❷ He's 그 남자 퇴근했어. ❸ He's 그는 무죄판결을 받았다.
❹ She's 그녀가 예전에 날 위해서 그 일을 해 준 적이 있어. ❺ It's 그게 그녀를 정말 피곤하게 만들었어.

07 will 축약

[아일]

I'll talk to you later.

I will은 보통 I'll로 축약해서 말한다. [l] 발음만으로도 will의 소리와 의미를 전달할 수 있기 때문이다. I'll은 [아일], You'll은 [유을], He'll은 [히을], She'll은 [쉬을], It'll은 [이를] 정도로 발음한다.

145.mp3

I'll you'll he'll she'll it'll

[아일]
I'll talk to you later. The Morning Show 1-1
나중에 얘기해.

[유을]
You'**ll** never forget me. Truth To Be Told 1-7
너는 절대로 나를 잊지 못할 거야.

[히을]
He'**ll** never change. Truth To Be Told 1-2
그는 절대로 변하지 않을 거야.

[쉬을]
Do you know when she'**ll** be back? Truth To Be Told 1-7
너 그녀가 언제 돌아올 지 알아?

[이를]
This time it'**ll** be different. Truth To Be Told 1-1
이번에는 그거 다를 거야.

Step **2** 미드 장면을 상상하며 듣고, 세 번 따라 말하세요. □ □ □

146.mp3

Mom	I brought your brother home.
Bradley	You did not.
Mom	Don't take that tone. * tone 억양
Bradley	I'll talk to you later.

엄마	네 동생을 집으로 데려왔어.
브래들리	엄마는 그러면 안 되죠.
엄마	그런 투로 말하지 마.
브래들리	나중에 얘기해요.

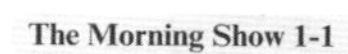

Step **3** 음원을 듣고, 빈 칸을 채워 보세요.

147.mp3

1 ________ be taking care of me. Designated Survivor 3-6

2 ________ be on your desk when you get back. Designated Survivor 3-4

3 ________ do everything within his power. Designated Survivor 3-2

4 ________ look into it. Designated Survivor 3-1

5 ________ get the hang of it. Designated Survivor 3-4

저자 특강 49

answers

power 권한, 권력 look into ~을 조사하다 get the hang of ~의 요령을 알다

❶ She'll 그녀가 나를 돌봐 줄 거야. ❷ It'll 돌아오시면 책상 위에 그게 올려져 있을 겁니다. ❸ He'll 그는 자기 권한 안에서 할 수 있는 일은 뭐든 다 할 거야. ❹ I'll 제가 조사해 보겠습니다. ❺ You'll 당신은 요령을 터득하게 될 겁니다.

08 will not 축약

[워운트]

One little drink won't hurt.

will not은 대화에서 보통 won't로 축약해서 말한다. won't는 [워운트]라고 읽는다. want의 발음인 [원트]와는 발음이 비슷하면서도 다르니 주의하자.

Step 1 정확한 발음을 듣고, 세 번 따라 말하세요.

148.mp3

won't

[워운트]
One little drink **won't** hurt. Servant 1-1
술 한잔을 조금 마신다고 해가 되진 않아요.

[워운트]
I **won't** worry about you. Fam 1-1
네 걱정은 하지 않을게.

[워운트]
Trust me, it **won't** take long. Fam 1-4
날 믿어. 오래 걸리지 않을 거야.

[워운트]
My mom **won't** let me have sleepovers. Homecoming 1-6
우리 엄마는 내가 친구 집에서 자는 걸 허락하지 않으셔.

[워운트]
If you **won't** do it, then I'll do it myself. Maniac 1-9
그거 네가 하지 않을 거면 내가 직접 할게.

words

trust ~를 믿다　take long 오랜 시간이 걸리다　sleepover 친구 집에서 자는 것

Step 2 미드 장면을 상상하며 듣고, 세 번 따라 말하세요. □ □ □

149.mp3

Dorothy	A little drink to celebrate your arrival. * celebrate ~을 축하하다 arrival 도착
Leanne	Oh, I'm 18, Mrs. Turner.
Sean	One little drink **won't** hurt.

도로시	너의 도착을 축하하는 술 한 잔 씩 조금 하자.
리앤	아, 전 열 여덟 살인데요, 터너 여사님.
션	술 한잔을 조금 마신다고 문제될 건 없어.

Servant 1-1

© apple tv+

Step 3 음원을 듣고, 빈 칸을 채워 보세요.

150.mp3

1 You ______________ get in trouble. The Gifted 1-1

2 It ______________ work. The Gifted 1-3

3 That ______________ be necessary. The Gifted 1-6

4 We ______________ be here long. The Bletchley Circle: San Francisco 1-1

5 I ______________ be back anytime soon. The Bletchley Circle: San Francisco 1-6

저자 특강 50

answers

get in trouble 곤경에 빠지다 work 효과가 있다 necessary 필수적인 anytime soon 곧

❶ won't 네가 피해 보는 일은 없을 거야. ❷ won't 그래봐야 효과 없을 거야. ❸ won't 그럴 필요까지는 없을 거야.
❹ won't 우리 여기 오래 있진 않을 거야. ❺ won't 내가 빠른 시간 안에 돌아오지는 못할 거야.

09 would 축약

[아읻]
I'd be happy to help.

일상에서 I would는 I'd, You would는 You'd, He would는 He'd, It would는 It'd로 축약해서 말한다. 조동사 would는 will의 과거형으로 쓰이기도 하고, '여러 상황으로 볼 때 ~일 것이다'라는 의미를 전하는 등 다양한 역할을 한다.

Step 1

151.mp3

I'd　　you'd　　he'd　　it'd

[아읻]
I'd be happy to help. The Bletchley Circle: San Francisco 1-4
내가 기꺼이 도와야지.

[윧]
I thought you'd never ask. The Blacklist 1-2
난 네가 절대 부탁하지 않을 거라고 생각했어.

[아읻]
There's some people I'd like you to meet. The Bletchley Circle: San Francisco 1-3
내가 너한테 소개할 사람들이 있어.

[힏]
He'd never forgive me. Brothers and Sisters 2-7
그는 절대 나를 용서하지 않을 거야.

[읻]
It'd devastate my family. Brothers and Sisters 1-2
그게 아마 우리 식구들에게 엄청난 충격을 주게 될 거야.

words

radiant 환하고 밝은　devastate ~을 파괴하다, ~에게 심한 충격을 주다

Step
2 미드 장면을 상상하며 듣고, 세 번 따라 말하세요. 

152.mp3

Lydia Iris! Hailey! Look at us, the gang back together!

* gang 패거리, 친구 무리

Iris Lydia, you look radiant.

Lydia I do, don't I? Now, come on in.
There's some people I'**d** like you to meet.

리디아 아이리스! 헤일리! 우리 좀 봐, 패거리가 다시 모였네!

아이리스 리디아, 너 화사하다.

리디아 내가 좀 그렇지? 어서 들어와.
너희한테 소개할 사람들이 있어.

The Bletchley Circle: San Francisco 1-3

Step
3 음원을 듣고, 빈 칸을 채워 보세요.

153.mp3

1 ________ look radiant in a Guayabera dress. The Blacklist 1-7

2 I wish ________ reconsider. Brothers and Sisters 2-3

3 You think ________ lie to you. Brothers and Sisters 2-4

4 I promised him ________ be brave. Brothers and Sisters 2-1

5 ________ be a pity not to use it. Brothers and Sisters 3-13

저자 특강 51

answers

forgive ~을 용서하다 reconsider 재고하다 brave 용감한 pity 안타까운 일

❶ You'd 구아야베라 드레스를 입으면 네가 정말 밝아 보일 거야. ❷ you'd 난 당신이 재고해줬으면 좋겠어.
❸ I'd 내가 너한테 거짓말할 거라고 생각하는 구나. ❹ I'd 난 그에게 용감해지겠다고 약속했어.
❺ It'd 그걸 사용하지 않는다는 건 참 애석한 일이겠지.

10 do not 축약

Why don't I give you the tour?

[돈트]

do not은 보통 don't로 축약해서 말한다. not을 강하게 발음하지 않아도 not의 의미를 충분히 전달할 수 있기 때문이다. 주어나 시제에 따라 do가 형태를 바꾸면 does not이 doesn't, did not이 didn't로 축약된다.

Step 1 정확한 발음을 듣고, 세 번 따라 말하세요.

154.mp3

don't **doesn't** **didn't**

[돈트]
Why **don't** I give you the tour? Servant 1-1
제가 구경시켜드리면 어떨까요?

[돈트]
Eighteen-year-old girls **don't** have time for hobbies. Servant 1-1
열여덟 살 여자애들이 취미 가질 시간이 어디 있어.

[다즌트]
It **doesn't** really affect me. Servant 1-5
그건 저한테는 아무 영향 없어요.

[다즌트]
He **doesn't** like me in that way. Servant 1-8
그는 나를 그런 식으로 좋아하는 게 아니야.

[디든트]
I **didn't** know what to do. Servant 1-2
나는 뭘 어떻게 해야 할지 몰랐어.

words

affect ~에게 영향을 주다 in that way 그런 식으로

Step
2 미드 장면을 상상하며 듣고, 세 번 따라 말하세요. □ □ □

155.mp3

Leanne You have a beautiful home.

Dorothy That's very kind of you to say so.
Why **don't** I give you the tour?
Living room. Dining room. Kitchen.
And the master bedroom.

* give the tour 구경을 시켜 주다
living room 거실
master bedroom 안방

Servant 1-1

© apple tv+

리앤 집이 예쁘네요.

도로시 말씀 감사해요. 제가 집 구경을 시켜 줄게요.
여긴 거실, 여긴 식당, 부엌이고, 그리고 여긴 안방이에요.

Step
3 음원을 듣고, 빈 칸을 채워 보세요.

156.mp3

1 My presence here ________ seem to be helping.
The Bletchley Circle: San Francisco 1-2

2 They ________ look so friendly. The Bletchley Circle: San Francisco 1-1

3 Home ________ want me much. The Bletchley Circle: San Francisco 1-1

4 I ________ like getting home this late.
The Bletchley Circle: San Francisco 1-1

5 You ________ understand this place.
The Bletchley Circle: San Francisco 1-2

저자 특강 52

answers

presence 존재 friendly 친절한, 상냥한

❶ doesn't 내가 여기 있어도 도움이 될 것 같지 않아. ❷ didn't 그들은 그렇게 상냥해 보이지도 않았어.
❸ doesn't 딱히 집이 나를 기다리는 건 아니니까. ❹ don't 저는 이렇게 늦게 집에 가는 게 싫어요.
❺ don't 당신은 이곳이 이해되지 않겠죠.

11 There is/are 축약

[데얼즈]
There's no leak.

일반적으로 말할 때 There is는 There's로, There are는 There're로 축약된다. 참고로 There're는 발음할 때는 줄이고, 표기할 때는 There are로 적는 경우가 더 많다.

Step 1  정확한 발음을 듣고, 세 번 따라 말하세요. 

157.mp3

there's **there're**

[데얼즈]
There's no leak. You 1-1
물이 새는 곳은 없습니다.

[데얼즈]
There's no place cheaper to live. You 1-1
살기에 더 싼 곳은 없어.

[데얼즈]
There's something I need to do. You 1-1
내가 좀 꼭 해야 할 일이 있어서.

[데어아]
There're scary people in the world. You 1-1
세상에는 무서운 사람들이 있어.

[데어아]
There're rumors she cheated on him. You 1-9
그녀가 그를 속이고 바람을 피웠다는 소문이 있어.

words

leak 새는 곳 scary 무서운, 무섭게 하는 cheat on ~을 속이고 바람을 피우다

Step
2 미드 장면을 상상하며 듣고, 세 번 따라 말하세요. □ □ □

158.mp3

Joe	Hey, is Beck here?
Plumber	Nope, super let me in. Someone reported a leak.
Joe	Right, yeah, she mentioned that. Is everything okay?
Plumber	Yeah, all clear. Tell your girlfriend there's no leak.

* super 건물 관리인 let ~ in ~를 안으로 들이다
report ~을 신고/접수하다

Servant 1-1

조	저기, 벡 여기 있나요?
배관공	아니요, 저는 건물 관리인이 들여보내 줬어요. 누가 물이 새는 곳이 있다고 접수해서요.
조	아, 맞아요, 벡이 지난번에 그러더군요. 다 됐나요?
배관공	예, 다 됐습니다. 여자친구에게 새는 곳은 없다고 말해 줘요.

Step
3 음원을 듣고, 빈 칸을 채워 보세요.

159.mp3

1 ________ a lot of rumors. Atypical 1-2

2 ________ no cell reception here. Virgin River 1-1

3 ________ plenty of time for things to change. The Good Place 1-3

4 ________ nothing I can do about it. Truth To Be Told 1-1

5 ________ concerns about your state of mind. Killing Eve 1-2

저자 특강 53

answers

cell reception 핸드폰 수신(상태) concern 걱정, 우려 state of mind 정신상태

❶ There're 소문이 무성해. ❷ There's 여기는 핸드폰 수신이 전혀 안돼요.
❸ There's 상황이 바뀔 시간은 아주 충분해. ❹ There's 그걸 내가 어떻게 할 방법이 없네.
❺ There're 네 정신 상태에 대한 우려가 많아.

내 말이
노래처럼 들린대.

영어 문장에는 리듬이 있다
강세

영어 문장에서 리듬이 느껴진다? 이는 강세 때문이다.
한 문장 안에서도 강하게 들리는 부분과 약하게 들리는 부분이 있다.
이런 강세로 인해서 억양(intonation)이 생긴다.
강세는 주로 동사나 부정 등 문장의 내용을 결정짓는 핵심 요소에 들어가며
말하는 사람의 의도와 문맥, 상황, 문장의 구조에 따라 강세의 위치가 달라질 수 있다.

01 동사에 강세

I work here.

나 여기에서 일해

동사는 문장의 의미를 주도하기 때문에 항상 강세를 갖는다. 부사는 동사의 의미를 강조하는 역할을 하기 때문에 문장 안에 있는 부사 역시 강세를 갖게 된다. 단, 부사는 너무 강하게 읽지 않도록 주의하자.

Step 1 정확한 발음을 듣고, 세 번 따라 말하세요.

160.mp3

I **work here**. Recovery Road 1-2

나 여기에서 일해.

Look at you. 24 2-1

네 꼴 좀 봐.

It **does work**. Recovery Road 1-1

그거 진짜로 효과 있어.

She **lied** to me about it. Dynasty 1-7

그녀가 그것에 대해서 나한테 거짓말을 했어.

words

do/does/did 일반동사의 의미를 강조할 때 쓴다. work 일하다, 효과가 있다, 작동하다 lie to ~에게 거짓말하다

Step
2 미드 장면을 상상하며 듣고, 세 번 따라 말하세요.  □ □ □

161.mp3

Maddie You don't even know me. Why do you care?

Vern One day, you're going to have a moment like this with someone else, sharing your experience. That's how it works. And it **does work**.

* care 신경 쓰다 share ~을 공유하다 cexperience 경험 work 효과 있다

매디 당신은 날 잘 알지도 못하잖아요. 왜 신경 쓰는 거예요?

번 언젠가 당신에게도 다른 누군가와 경험을 공유하는 이런 순간이 올 거예요. 그렇게 돌아가는 거죠. 그리고 진짜 효과가 있거든요.

Recovery Road 1-1

© FREEFORM

Step
3 음원을 잘 듣고, 강세가 있는 부분에 체크하세요.

162.mp3

1 **Did it work?** The Good Place 1-5
그거 효과 있었어?

2 **How does that still work?** The Good Place 1-11
아니 그게 어떻게 아직도 작동해?

의문문의 의문사는 문장의 의미를 결정하는 핵심 요소!

3 **I'll look into it.** 24 1-1
그건 내가 조사할 거야.

4 **You look like him.** 24 1-2
너는 정말 그 사람을 닮았어.

저자 특강 54

answers

look into 들여다보다, 조사하다 look like ~처럼 보이다

❶ work ❷ how, still, work ❸ look ❹ look

02 동사, 부정에 강세

It just doesn't work that way.

그건 그런 식으로 해서 될 일이 아니야.

부정어는 문장 전체의 의미를 반대로 이끌면서 문장의 뜻을 결정짓기 때문에 강세를 넣어 말한다. 주어가 나나 상대방이 아닌 특정 인물일 경우에는 주어에도 강세가 들어간다.

Step 1  정확한 발음을 듣고, 세 번 따라 말하세요. 

163.mp3

I don't care about that. Glow1-10

난 그런 거 관심 없어.

I didn't lie to anybody. 13 Reasons Why 1-5

나는 누구에게도 거짓말하지 않았어.

People don't care. The Society 1-10

사람들은 아무 신경 안 써.

It just doesn't work that way. Recovery Road 1-9

그건 그런 식으로 해서 될 일이 아니야.

words

care 관심을 두다, 돌보다　work 일하다, 효과가 있다, 작동하다

Step **2** 미드 장면을 상상하며 듣고, 세 번 따라 말하세요. □ □ □

164.mp3

Craig	Trish just can't be here.
Maddie	But she needs us. She can't leave, not now. She has to be here. You've got to stop her.
Craig	Wish I could. Really, I do. It just **doesn't work** that way.

크레이그	트리쉬는 여기 머물 수 없어요.
매디	하지만 트리쉬는 우리가 필요해요. 지금 떠날 수 없어요. 트리쉬는 여기에 있어야 돼요. 그 애를 잡아 주세요.
크레이그	저도 그러고 싶죠. 정말 그러고 싶어요. 하지만 그런 식으로 될 일이 아니에요.

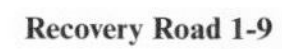

Step **3** 음원을 잘 듣고, 강세가 있는 부분에 체크하세요.

165.mp3

1 It's not going to work. Outsiders 1-6
그건 효과 없을 거야.

2 I tried and tried, but nothing worked. The Good Place 1-5
내가 노력을 하고 또 해 봤지만 전부 효과가 없었어.

3 He's never lied to me. 13 Reasons Why 1-8
걔는 나한테 한 번도 거짓말한 적 없어.

4 I'm not gonna lie. 13 Reasons Why 2-11
절대 거짓말하지 않을게.

저자 특강 55

answers

try 애를 쓰다 lie 거짓말하다 lie to ~에게 거짓말하다

❶ not, work ❷ tried, tried, nothing worked ❸ never lied ❹ not, lie

03 강세가 없는 be동사

I’m at a **loss**.

나는 무슨 말을 해야 할지 모르겠어.

문장에 동사가 be동사만 있는 경우에는 보통 강세가 들어가지 않는다. 이때는 be 동사가 아니라 문장의 의미를 전달하는 핵심 단어에 강세가 들어간다.

정확한 발음을 듣고, 세 번 따라 말하세요.

166.mp3

I’m at a loss. 13 Reasons Why 1-9
나는 무슨 말을 해야 할지 모르겠어.

I’m on my way. Designated Survivor 1-1
지금 바로 출발할게.

'지금 가는 중이야.'라고 해석할 수도 있다.

I’m always on your side. Designated Survivor 1-1
나는 항상 네 편이야.

She’s in preterm labor. Designated Survivor 1-6
그녀는 지금 조기산통 중이야.

words

at a loss 할 말을 잃을, 어찌할 줄 모르는   on one’s way 곧 출발하는, 가는/오는 중인   preterm 조산의
labor 진통, 분만

Step 2 미드 장면을 상상하며 듣고, 세 번 따라 말하세요. □ □ □

167.mp3

Clay Mom? Look, I know you're mad right now and you have every right. * have right 그럴 자격 있다

Mom Honestly, Clay, I'm not mad at you. I'm at a loss. * mad 화가 난

13 Reasons Why 1-9

© NETFLIX

클레이 엄마? 저기, 엄마 지금 화난 거 알아요. 그리고 엄마가 화날 만하죠.

엄마 클레이, 솔직히 말하자면 엄마는 지금 너한테 화난 게 아니야. 무슨 말을 해야 할지 몰라서 그래.

Step 3 음원을 잘 듣고, 강세가 있는 부분에 체크하세요.

168.mp3

1 I'm at work. Bodyguard 1-2
나 지금 일하는 중이야.

2 I'm on the phone with the hospital now. Designated Survivor 1-6
나 지금 병원과 통화 중이야.

3 He's off duty. Good Girls 1-8
그 분은 비번이에요.

4 You're in the wrong department. Killing Eve 1-1
부서를 잘못 찾아오셨어요.

저자 특강 56

answers

at work 회사에 있는, 일하는 중인 on the phone with ~와 통화 중인 off duty 비번인 department 부서

❶ work ❷ phone, hospital now ❸ off duty ❹ wrong department

04 보어에 강세 1

This is a crime scene.

여기가 범죄 현장입니다.

보어는 주어나 동사를 보충하는 중요한 역할을 하기 때문에 강세를 넣어 말한다. 보어 자리에는 명사나 형용사가 올 수 있는데, 보어를 수식하는 말이 있다면 거기에도 역시 강세가 들어간다.

169.mp3

This is a crime scene. Under the Dome 1-1
여기가 범죄 현장입니다.

Are you okay with this? Atypical 1-5
너 이래도 괜찮은 거야?

This is all a misunderstanding. Under the Dome 1-3
이건 모두 다 오해야.

This is so depressing. Under the Dome 1-2
이건 너무 우울하군요.

words

crime scene 범죄 현장　misunderstanding 오해　depressing 우울하게 만드는

Step 2 미드 장면을 상상하며 듣고, 세 번 따라 말하세요. □ □ □

170.mp3

Mom Sam, are you **okay** with this?

Sam I think it's dumb, but other people seem to be happy, mostly Paige. * dumb 바보 같은, 멍청한 mostly 주로

엄마 샘, 너 이래도 괜찮겠니?

샘 난 바보 같다고 생각하지만 다른 사람들은 좋아하는 것 같아. 특히 페이지가 말이야.

Atypical 1-5

© NETFLIX

Step 3 음원을 잘 듣고, 강세가 있는 부분에 체크하세요.

171.mp3

1 That is a huge breakthrough. Atypical 1-4
그거 정말 엄청난 돌파구야.

2 This is an emergency broadcast. Under the Dome 1-1
긴급 속보입니다.

3 This is so much fun. Atypical 1-1
이거 진짜 재미있어.

4 The motels are all booked up. Under the Dome 1-1
모텔들이 다 예약이 찼어.

저자 특강 57

answers

huge 큰, 엄청난 breakthrough 돌파구 emergency broadcast 긴급 속보 booked up 예약된

❶ huge breakthrough ❷ emergency broadcast ❸ so much fun ❹ motels, all booked up

05 주어와 보어에 강세 2

이거 뭐 제대로 된 게 하나도 없군.

대명사 주어에는 보통 강세가 들어가지 않지만 nothing처럼 부정을 강조하는 대명사에는 반드시 강세가 들어간다. 강세의 유무는 문장 의미 전달에 얼마나 중요한 역할을 하느냐 따라 결정되기 때문이다.

Step 1 정확한 발음을 듣고, 세 번 따라 말하세요.  ☑ □ □

172.mp3

Nothing about this is **all right.** Under the Dome 1-1

이거 뭐 제대로 된 게 하나도 없군.

None of our **secrets** are **safe.** Under the Dome 1-2

우리 비밀 중 어느 것도 안전하지 않아.

대명사가 아닌 주어에는 보통 강세가 있다.

Biology is my **favorite subject** in **school.** Atypical 1-1

난 학교 수업 중에 생물이 제일 좋아.

My **life** is **not awesome.** Atypical 1-2

내 인생은 뭐 대단할 것도 없어.

words

right 옳은, 정확한 safe 안전한 biology 생물학 favorite 선호하는 subject 과목 awesome 멋진

Step 2 미드 장면을 상상하며 듣고, 세 번 따라 말하세요. □ □ □

173.mp3

Sam I'm really good at fixing computers, and biology is my favorite subject in school. Girls don't like me. I love penguins, but I'm not supposed to talk about it. I have a pet turtle named Edison, who's named after Thomas Edison, but he's not as smart.

* be good at ~을 잘하다 fix ~을 고치다 be supposed to ~하도록 되어 있다 turtle 거북이 named after ~을 따서 이름이 붙여진

샘 난 컴퓨터를 진짜 잘 고쳐. 그리고 학교 과목 중에는 생물을 제일 좋아해. 여자애들은 나를 좋아하지 않아. 나는 펭귄을 정말 좋아하는데 펭귄에 대해서 말하면 안 돼. 난 애완 거북이를 기르는데 이름은 에디슨이야. 토마스 에디슨을 따서 지은 이름인데 얘는 그닥 똑똑하지는 않아.

Atypical 1-1

Step 3 음원을 잘 듣고, 강세가 있는 부분에 체크하세요.

174.mp3

1 What is wrong with him? Atypical 1-1
걔는 뭐가 문제길래 저래?

2 You guys are prompt. Atypical 1-5
너희들 아주 신속하구나.

3 The situation is resolved. Under the Dome 1-3
그 상황은 해결됐습니다.

4 All I ask for is patience. Under the Dome 1-1
내가 원하는 건 오직 인내심이야.

저자 특강 58

answers

wrong 잘못된 prompt 신속한, 시간을 잘 지키는 resolved 해결된 ask for 요구/요청하다 patience 인내심

❶ What, wrong ❷ guys, prompt ❸ situation, resolved ❹ All, ask, patience

06 보어에 강세 3

When are you coming home?

집에 언제 와요?

보어 자리에는 명사와 형용사가 오는데, 현재분사와 과거분사도 형용사기 때문에 보어가 될 수 있다. 즉, 위 문장에서 coming은 현재분사이므로 곧 형용사다. 참고로 의문문에서는 의문사가 가장 중요하므로 여기에도 강세가 들어간다.

Step 1 정확한 발음을 듣고, 세 번 따라 말하세요. 

175.mp3

I'm getting a stomachache. The Good Place 1-1

배가 살살 아파.

This is happening because of you. The Good Place 1-1

이런 일이 일어나는 건 다 너 때문이야.

When are you coming home? Designated Survivor 1-1

집에 언제 와요?

Why are we doing this? Madam Secretary 1-1

우리가 왜 이러고 있는 거야?

words

stomachache 복통 because of ~때문에

Step 2 미드 장면을 상상하며 듣고, 세 번 따라 말하세요. □ □ □

176.mp3

Tom Who is this?

Penny It's Penny.

Tom Penny who?

Penny Penny Kirkman, your daughter.
When are you and mommy **coming home**?

톰 누구니?

페니 페니예요.

톰 페니 누구?

페니 페니 커크먼, 아빠 딸이요. 아빠하고 엄마는 언제 집에 와요?

Designated Survivor 1-1

Step 3 음원을 잘 듣고, 강세가 있는 부분에 체크하세요.

177.mp3

1 He's heading towards the front of the train. Bodyguard 1-1
그는 지금 열차 앞쪽으로 향하고 있어.

정보를 전달하는 주요 내용에 강세~!

2 I'm not going anywhere. Bodyguard 1-1
난 아무 데도 안 갈 거야.

3 You're doing really good. Bodyguard 1-1
너는 지금 아주 잘하고 있어.

4 Are you feeling OK? Bodyguard 1-1
몸은 괜찮아?

저자 특강 59

answers

head towards ~를 향해서 가다 front 앞쪽 feel+형용사 몸 상태가 어떠하다

❶ heading towards, front, train ❷ not going anywhere ❸ doing really good ❹ feeling OK

07 보어에 강세 4

Dad's not scared of anything.

아빠는 아무것도 무서워하지 않아.

과거분사 역시 형용사로 쓸 수 있기 때문에 보어가 될 수 있다. 이때 과거분사는 be 동사 뒤에 와서 보어 역할을 한다. 따라서 이 문장에서는 주어인 Dad, 목적어인, anything 외에도 scared에 강세가 온다. 부정문이니 not에도 당연히 강세를 줘서 말하자.

Step 1 정확한 발음을 듣고, 세 번 따라 말하세요. 

178.mp3

Dad's not scared of **anything.** Designated Survivor 1-1
아빠는 아무것도 무서워하지 않아.

I was **supposed** to **go last night.** Designated Survivor 1-2
난 어젯밤에 가기로 했었어.

Who are **seen** in these **images?** Bodyguard 1-4
이 이미지들 중에 누가 보여?

It was **written all** over her **face.** Good Girls 1-5
그건 그녀의 얼굴에 다 써 있었어.

words

scared of ~을 무서워하는 be supposed to ~하기로 되어 있는
be written all over one's face ~의 얼굴에 다 써 있다

Step 2 미드 장면을 상상하며 듣고, 세 번 따라 말하세요. □ □ □

179.mp3

Penny Are you scared?

Leo Yeah.

Penny Is daddy?

Leo Are you kidding? **Dad's not scared** of **anything**.

* kidding 농담하는, 장난하는

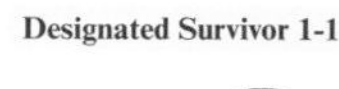

페니 오빠는 무서워?

레오 무섭지.

페니 아빠도 무서울까?

레오 그럴 리가 있어? 아빠는 아무것도 무서워하지 않으셔.

Step 3 음원을 잘 듣고, 강세가 있는 부분에 체크하세요.

180.mp3

1 He's qualified as deputy. Designated Survivor 1-2
그는 국회의원 자격이 있어.

2 It was snuffed out last night. Designated Survivor 1-2
그건 어젯밤에 완전히 파괴되었습니다.

3 I was sworn in as President of the United States. Designated Survivor 1-3
난 미국 대통령으로 취임선서를 했습니다.

4 The case was thrown out. Designated Survivor 1-8
그 사건은 기각됐다.

저자 특강 60

answers

qualified 자격이 있는 deputy 의원 snuff out ~을 파괴하다, 없애다 be sworn in as ~로 취임선서를 하다 case 사건 throw out ~을 기각하다

❶ qualified, deputy ❷ snuffed out last night ❸ sworn, President, United States ❹ case, thrown out

08 동사, 보어에 강세 1

I feel confident.

저는 자신 있습니다.

구체적인 의미 없이 연결 역할만 하는 be동사에는 강세가 없지만, feel, look, taste, smell 등 구체적인 의미를 전달하는 동사에는 보어와 함께 강세가 들어간다. 동사나 형용사의 의미를 강조하는 actually, so 등의 부사에도 강세를 넣어 말한다.

Step 1 정확한 발음을 듣고, 세 번 따라 말하세요.

181.mp3

I feel confident. Homecoming 1-3

저는 자신 있습니다.

I actually feel better today. Maniac 1-6

나는 오늘 정말로 컨디션이 더 좋아졌어.

You don't look so impressed. The Society 1-7

넌 그다지 감동받지 않은 것 같네.

That looks dangerous. Glow 1-5

그거 위험해 보이는데.

words

confident 자신감 있는 actually 실제로, 정말로 better 더 나은 impressed 감동을 받은 dangerous 위험한

Step

2 미드 장면을 상상하며 듣고, 세 번 따라 말하세요.

182.mp3

Colin All right, well, that sounds great, Heidi. As long as you feel confident that there's not gonna be any additional misbehavior.

* as long as ~인한
additional 추가의, 추가적인
misbehavior 부정 행위

Heidi No, I **feel confident**. Very confident. Nope. I will take full responsibility.

* take full responsibility 모든 책임을 지다

Homecoming 1-3

콜린 알았어, 그래, 그거 참 좋네, 하이디. 그거 참 좋다고. 당신이 더 이상의 부정 행위가 없을 거라고 자신이 있다면 말이야.

하이디 없습니다. 저는 확신해요. 아주 확신해요. 절대 없죠. 제가 모든 책임을 질게요.

© abc

Step

3 음원을 잘 듣고, 강세가 있는 부분에 체크하세요.

183.mp3

1 I feel confused. Maniac 1-10
나 너무 혼란스러워.

2 You don't look hopeful. The Society 1-9
넌 희망에 차 있는 표정이 아니네.

3 You feel trapped here. Black Mirror 5-3
넌 지금 여기에 갇힌 느낌이 드는 거야.

4 It would look nice on you. The Society 1-10
그거 네가 입으면 정말 예쁠 거야.

저자 특강 61

answers

confused 혼란스러운 trapped 갇힌 상태인

❶ feel confused ❷ don't look hopeful ❸ feel trapped here ❹ look nice

09 동사, 보어에 강세 2

You sound fine.

네 목소리 괜찮게 들리네.

오감을 표현하는 동사를 감각동사라고 한다. look, feel, taste, sound, smell 등이 감각동사인데 특히 sound, smell은 활용도가 매우 높다. 감각동사는 뒤에 그 감각을 표현하는 보어와 짝을 이루어서 의미가 완성된다.

Step 1 정확한 발음을 듣고, 세 번 따라 말하세요. 

184.mp3

You **sound fine**. 11.22.63 1-1

네 목소리 괜찮게 들리네.

It may **sound silly**. 11.22.63 1-1

이게 바보 같은 소리로 들릴 수도 있겠어.

You sure **smell good**. Virgin River 1-8

너한테서 좋은 냄새가 나.

Something **smells good**. Homecoming 1-1

뭔가 좋은 냄새가 나네.

words

fine 괜찮은　silly 바보 같은, 어리석은　sure 정말

Step
2 미드 장면을 상상하며 듣고, 세 번 따라 말하세요. □ □ □

185.mp3

Al	I'm fine.
Jake	You **sound fine**. Now, you want to tell me what is going on?
Al	You heard what's going on. It's cancer.
Jake	Al, you got… You got cancer in five minutes?

알	난 괜찮아.
제이크	참 괜찮게 들리네요. 자, 도대체 무슨 일이 벌어지고 있는지 저한테 말해야겠죠?
알	무슨 상황인지 말했잖아. 암이라고, 암.
제이크	알 아저씨, 아저씨가… 지금 5분 사이에 암에 걸렸다고요?

11.22.63 1_1

© hulu

Step
3 음원을 잘 듣고, 강세가 있는 부분에 체크하세요.

186.mp3

1 Sounds good to me. Designated Survivor 1-1
내가 듣기에는 괜찮은데.

2 It sounds familiar. Designated Survivor 1-5
그거 어디에서 많이 듣던 소린데.

3 You smell so bad. Easy 2-4
너한테서 악취가 나.

4 It smells great. Recovery Road 1-3
냄새 진짜 좋네.

저자 특강 62

answers

familiar 익숙한 great 굉장한, 대단한

❶ Sounds good ❷ sounds familiar ❸ smell, bad ❹ smells great

10 동사, 목적어에 강세 1

I know the feeling.

내가 그 기분 알지.

동사의 의미를 확정 짓는 목적어 역시 동사와 함께 강세를 가진다. 문장의 의미를 전달하는 데 중요한 역할을 하기 때문이다.

Step 1 정확한 발음을 듣고, 세 번 따라 말하세요.

187.mp3

I **know** the **feeling.** What If 1-1

내가 그 기분 알지.

I'd **do anything** for you. You 1-1

나는 널 위해 뭐든지 다 할 거야.

I **surf** the **net.** Modern Family 1-1

내가 평소에 인터넷 서핑을 자주 하거든.

Thank you for your **time.** Killing Eve 1-1

시간 내 줘서 고마워요.

words

feeling 기분 surf the net 인터넷 서핑을 하다

Step 2 미드 장면을 상상하며 듣고, 세 번 따라 말하세요. □ □ □

188.mp3

Lisa I have to stop by the lab before my first pitch.
I needed to make sure that my presentation was transferred.
* stop by ~에 잠깐 들르다 lab 실험실 transfer ~을 전달하다, 전환하다

Sean I **know** the **feeling**.
First pitch is always the scariest. * the scariest 가장 두려운 것

리사 나 실험실에 잠깐 들러야 돼. 첫 홍보 프레젠테이션 전에 말이야.
내 프레젠테이션 내용이 제대로 전달된 건지 확인해야 했어.

선 그 기분 내가 잘 알아.
첫 프레젠테이션은 항상 가장 두렵거든.

What If 1-1

Step 3 음원을 잘 듣고, 강세가 있는 부분에 체크하세요.

189.mp3

1 Watch the bumps. The Morning Show 1-1
도로의 요철을 조심해.

2 Have my French fries. The Morning Show 1-1
제 감자튀김 좀 드세요.

3 We will watch a movie when you come back.
너 돌아오면 그 때 같이 영화 보자. Killing Eve 1-1

4 Just text me. Modern Family 1-1
그냥 문자로 보내요.

저자 특강 63

answers

watch 조심하다 bump 도로의 요철 text ~에게 문자를 보내다

❶ Watch, bumps ❷ Have, French fries ❸ watch, movie when, come back ❹ text me

11 동사, 목적어에 강세 2

Maybe **you** should stop doing **that.**

그러는 건 멈춰야겠어요.

동명사는 동사에 ing를 붙여 명사로 만든 것으로, 명사처럼 주어, 보어, 목적어로 사용할 수 있다. 이 문장에서는 doing이 stop의 목적어이므로 동사와 함께 강세를 갖는다.

190.mp3

Maybe you should stop doing that. What If 1-1
그러는 건 멈춰야겠어요.

I just finished cleaning it up. Justified 1-3
내가 지금 막 그거 깨끗이 치웠어.

I love hanging out with you. House of Lies 1-6
난 너와 함께 시간 보내는 게 정말 좋아.

You mind telling me why? Lucifer 2-16
저한테 이유를 좀 말씀해 주시겠어요?

words

clean up ~을 깨끗이 치우다 hang out with ~와 시간을 보내다 mind ~을 꺼리다 why 이유

Step
2 미드 장면을 상상하며 듣고, 세 번 따라 말하세요. □ □ □

191.mp3

Todd Hey, Doc, can I get some attention over here?
It hurts when I do this. * doc(= doctor) 의사 get attention 관심을 받다 hurt 아프다

Ange Oh. **Maybe** you **should stop doing** that.

타드 저기요, 의사 선생님, 여기 좀 봐 주실래요? 이럴 때마다 아파요.
앤지 오. 그렇게 하지 마셔야 되겠는데요.

What If 1-1

Step
3 음원을 잘 듣고, 강세가 있는 부분에 체크하세요.

192.mp3

1 Stop yelling at me. Justified 1-4
나한테 소리 지르지 마.

2 We finished eating. Lucifer 1-10
우리 다 먹었어.

3 I like being with you. House of Lies 1-12
나는 너하고 있는 게 좋아.

4 I just keep thinking. Luther 2-1
지금 계속 생각 중이야.

저자 특강 64

answers

yell at ~에게 소리 지르다 keep ~을 계속하다

❶ Stop yelling ❷ finished eating ❸ like being ❹ keep thinking

12 동사, 목적어에 강세 3

You need to show them.

당신이 그들에게 보여 줘야 해요.

목적어 자리에는 'to+동사'나 'to be+과거분사'가 올 수도 있다. 이 역시 '동사+ing'처럼 동사를 명사처럼 쓰는 방법이다. 이러한 동사 변형 목적어 역시 동사와 함께 강세를 가진다.

Step 1 정확한 발음을 듣고, 세 번 따라 말하세요.

193.mp3

You **need** to **show** them. Bodyguard 1-1

당신이 그들에게 보여 줘야 해요.

He **decided** to **throw** in the **towel**? Bodyguard 1-3

그가 패배를 인정하기로 결정했나요?

Didn't expect to **find** you **here**. Modern Family 1-21

너를 여기에서 만나리라고는 전혀 예상 못했어.

You **promised** to **teach** me. Modern Family 2-18

너 나한테 가르쳐 주기로 약속했잖아.

words

throw in the towel 수건을 던지다, 패배를 인정하다 expect to ~을 기대하다 promise to ~하기로 약속하다

Step 2 미드 장면을 상상하며 듣고, 세 번 따라 말하세요.

194.mp3

David Nadia, you **need** to **show** them you're not going to detonate the device. Now, when I ask you to, I want you to raise your arms either side of you. Can you do that for me when I ask?

* stand clear 떨어져 서다 detonate ~을 폭발시키다
device 폭발물 either side 양쪽

데이빗 나디아, 당신이 그 폭발물을 절대 터뜨리지 않을 거라는 사실을 저들에게 보여 줘야 해요. 자, 내가 요청하면, 양팔을 올려요. 내가 요청하면 그렇게 할 수 있겠어요?

Bodyguard 1-1

Step 3 음원을 잘 듣고, 강세가 있는 부분에 체크하세요.

195.mp3

1 I want to go talk to them. The Alienist 1-2
나는 가서 그들과 대화를 하고 싶은데.

2 We need to cut that in half. House of Cards 1-1
우린 그걸 반으로 잘라야 돼.

3 I hope to see you on Thursday. Killing Eve 1-1
난 당신을 목요일에 만나고 싶어.

4 I just decided to spend the night here. House of Cards 1-10
난 그냥 여기에서 밤을 보내기로 결정했어.

저자 특강 65

answers

cut in half 반으로 자르다 spend 시간을 보내다

❶ want, go talk ❷ need, cut, half ❸ hope, see, Thursday ❹ decided, spend, night here

13 동사, 목적어에 강세 4

Give us a moment.

우리에게 잠깐 시간을 줘.

어떤 문장에는 두 개의 목적어가 오기도 한다. 이럴 때는 동사, 두 개의 목적어 모두에 강세가 들어간다. 이 문장에서는 us(우리에게)와 moment(시간)가 모두 목적어다. 단, 목적어가 대명사일 경우 말하는 사람의 의도에 따라서 강세가 없을 수도 있다.

Step 1 정확한 발음을 듣고, 세 번 따라 말하세요. 

196.mp3

Give us a **moment.** Designated Survivor 1-1

우리에게 잠깐 시간을 줘.

We **offered** him the **wrong job.** Designated Survivor 1-5

우리가 그에게 엉뚱한 일을 권했던 겁니다.

You can **always send** me an **e-mail.** Designated Survivor 1-10

당신은 언제든 나에게 이메일을 보내면 됩니다.

I'll **buy** you a **beer.** Designated Survivor 1-17

내가 맥주 한잔 살게.

words

a moment 잠깐의 시간 offer ~을 권하다 wrong job 잘못된 일, 어울리지 않는 일 buy ~을 사 주다

Step **2** 미드 장면을 상상하며 듣고, 세 번 따라 말하세요. □ □ □

197.mp3

Charlie Give us a moment.

Tom I'll meet you outside.
[Door closes] What's going on, Charlie?

찰리 우리끼리 있게 자리를 좀 비켜 줘요.

톰 이따 밖에서 봐요.
[문이 닫힌다] 무슨 일이에요, 찰리?

Designated Survivor 1-1

Step **3** 음원을 잘 듣고, 강세가 있는 부분에 체크하세요.

198.mp3

1 Just tell us what you know. Designated Survivor 1-1
자네가 알고 있는 것을 우리에게 말해 줘. * what you know 목적절

2 Why don't you show us some ID? Designated Survivor 1-2
우리한테 신분증을 좀 보여 줄래?

3 You never bring me coffee. Designated Survivor 1-9
당신은 절대 나한테 커피를 가져다주는 법이 없잖아.

4 Can I ask you a question? What If 1-3
질문 하나 해도 돼요?

저자 특강 66

answers

ID (= Identification) 신분증

❶ tell, what, know ❷ don't, show, ID ❸ never bring, coffee ❹ ask, question

14 동사, 목적어, 목적 보어에 강세

Don't ask me to stand around.

나더러 우두커니 보고만 있으라고 하지 말아요.

목적어의 행위나 상태를 표현하는 보어에도 강세가 있다. 다시 말해 동사, 목적어, 목적 보어에 모두 강세를 넣어 말하는 것이다. 앞서 말했듯이 목적어가 대명사일 때는 말하는 사람의 의도에 따라서 강세가 없을 수도 있다.

Step 1 정확한 발음을 듣고, 세 번 따라 말하세요.

199.mp3

Don't ask me to **stand around.** What If 1-4

나더러 우두커니 보고만 있으라고 하지 말아요.

What would you **call** it? What If 1-4

그걸 뭐라고 불러요?

How did it **make** you **feel?** What If 1-2

그것 때문에 기분이 어땠어요?

I **want** you to **go home** to your **fiancé.** What If 1-10

넌 집에 있는 네 약혼자에게나 가 봐.

words

stand around 우두커니 서 있다　fiancé 약혼자

Step
2 미드 장면을 상상하며 듣고, 세 번 따라 말하세요.

□ □ □

200.mp3

Foster I pledged loyalty to you, Anne. But **don't ask** me to **stand around** and watch you destroy people's lives.

* pledge 맹세하다 loyalty 충성 destroy ~을 파괴하다

Anne Is that what you think I'm doing?

포스터 앤, 난 당신에게 충성을 맹세했어요. 그렇다고 나한테 우두커니 서서 당신이 남의 인생을 파괴하는 것을 지켜보라고 하지는 말아요.

앤 제가 하는 일을 그렇게 생각하는 거예요?

What if 1-4

Step
3 음원을 잘 듣고, 강세가 있는 부분에 체크하세요.

201.mp3

1 I need you to come with me tonight. What If 1-2
너 오늘 밤 나하고 같이 가야겠어.

2 Who told me to come here? What If 1-10
누가 나더러 여기에 오라고 했던 거야?

3 I'll let her know you've arrived. What If 1-1
너 도착했다고 내가 그녀에게 알릴게.

4 I'd call him my best friend. Homecoming 1-5
나는 그를 내 가장 친한 친구라고 불렀었어.

저자 특강 67

answers

let ~ know ~에게 알려 주다

❶ need, come, tonight ❷ Who told, come here ❸ let, know, arrived ❹ call, best friend

아름다운 영어 대사

본문에는 넣지 못했지만, 영화나 미드에 나온 아름다운 영어 대사를 소개합니다.
이런 명언이나 좋은 대사를 암기하는 것도 좋은 영어 공부 방법입니다.

사랑

I love you. But I love me more. Sex and the city 5-3
나는 당신을 사랑하지만 나를 더 사랑해.

I'm not a stop along the way. I'm a destination. Gossip girl 1-5
나는 가는 길에 지나가는 정류장이 아니야. 나는 목적지라고.

I've just turned 18.
And I think I understand what people mean to each other. The end of the fxxing world 1-8
나는 이제 막 18살이 되었다. 그리고 나는 사람이 서로에게 어떤 의미인지 이해하게 된 것 같다.

I wish I knew how to quit you. Brokeback Mountain
널 그만두는 방법을 알았으면 좋겠다.

You make me happier than I ever thought I could be.
And if you let me,
I will spend the rest of my life trying to make you feel the same way. Friends 6-25
너는 내가 생각한 것보다 훨씬 더 나를 행복하게 해 줘.
그래서 나도 너에게 그렇게 해 줄 수 있게 허락해 준다면,
너도 나처럼 느끼도록 내 인생 전부를 바칠게.

You make me want to be a better man. As Good As It Gets
당신은 내가 더 좋은 남자가 되고 싶게 만들어요.

You complete me. Jerry Maguire
당신은 나를 완성시켜.

If you don't like ice cream, what do you like?
I like you. Girls 1-8
네가 만약 아이스크림을 좋아하지 않으면, 뭘 좋아하는데?
난 널 좋아해.

You shouldn't just make people
if you're going to abandon them
because they think they've done something wrong their whole life!
낳아서 버릴 거면 쉽게 아이를 만들면 안 되는 거야. The end of the fxxing world 1-8
그 애들은 평생 자기가 뭔가 잘못한 건 아닐까 생각하게 되잖아!

인생

Whenever we make mistakes we need to apologize
and then we need to move on. Desperate Housewives 7-18
우리가 실수를 할 때마다 우리는 사과를 해야 해.
그리고는 다시 나아가야 해.

They're looking for hope.
What about you?
Redemption. Mad Max: fury road
저 사람들은 희망을 찾고 있어.
그럼 당신은?
구원을 찾고 있지.

Because God wants you to live. Messiah 1-1
왜냐하면 신은 당신이 살기를 바라시니까.

Your life going off the rails is the best thing that could happen to you.
Life isn't a train. The Politician 1-7
네 인생이 선로를 벗어난 건 너에게 일어난 가장 좋은 일이야.
인생은 기차가 아니란다.

You are the most selfish person I have ever met.
Thank you for changing my life. Lives are hard to change. Russian Doll 1-7
당신은 내가 만난 사람 중에 가장 이기적이에요. 내 인생을 바꿔줘서 고마워요.
인생을 바꾼다는 건 어려운 일이잖아요.

To make each day count. To making it count! Titanic
매일을 소중하게 생각해야죠. 순간을 소중하게!

From now on, people either accept you for who you are,
or they can fuck off because you're an amazing person, Rae. My Mad Fat Diary 1-6
지금부터 사람들은 네 있는 그대로를 받아들이던지 아니면 꺼져야 할 거다.
왜냐하면 레이, 너는 멋진 사람이니까.

You're old enough now to learn the most important lesson in life:
You cannot count on anyone except yourself.
It's sad but true, and the sooner you learn it, the better. American Beauty
너도 이제 인생에서 가장 중요한 것을 배울 만큼 나이를 먹었구나.
너 자신 말고 그 누구도 의지하지 마라. 슬프지만 이게 진실이고,
네가 이 사실을 빨리 알게 될 수록 더 좋단다.

I know my value. Anyone else's opinion doesn't really matter. Marvel's Agent Carter 1-8
내 가치는 내가 알아. 다른 사람의 의견은 그다지 중요하지 않아.

Not all those who wander are lost. The Lord of the Rings
헤매는 사람들이 모두 길을 잃은 것은 아니다.

사회

I've already trod on dangerous ground. We're on dangerous ground right now, because of our secrets and our lies. Chernobyl 1-5
저는 이미 위험한 땅에 발을 들였습니다.
우리의 비밀과 거짓말 때문에 우리는 지금 위험한 땅에 서 있습니다.

Now I only ask. What is the cost of lies? Chernobyl 1-5
지금 제가 궁금한 것은 하나입니다. 거짓의 대가는 무엇입니까?

Everything is connected. Dirk Gently's Holistic Detective Agency 1-1
모든 것은 연결되어 있어.

In moonlight black boys look blue. Moonlight
달빛 아래에서는 흑인 소년들도 파랗게 보이지.